高等院校教育教学质量评价的实施路径研究

任丽婵　著

中国建材工业出版社
北　京

图书在版编目（CIP）数据

高等院校教育教学质量评价的实施路径研究/任丽婵著. --北京：中国建材工业出版社，2023.12
ISBN 978-7-5160-3971-7

Ⅰ. ①高… Ⅱ. ①任… Ⅲ. ①高等学校－教学质量－质量评价－研究－中国 Ⅳ. ①G649.21

中国国家版本馆 CIP 数据核字（2023）第 251786 号

高等院校教育教学质量评价的实施路径研究
Gaodeng Yuanxiao Jiaoyu Jiaoxue Zhiliang Pingjia de Shishi Lujing Yanjiu
任丽婵　**著**

出版发行：中国建材工业出版社
地　　址：北京市海淀区三里河路 1 号
邮　　编：100044
经　　销：全国各地新华书店
印　　刷：北京传奇佳彩数码印刷有限公司
开　　本：787mm×1092mm　1/16
印　　张：9.375
字　　数：125 千字
版　　次：2025 年 1月第 1 版
印　　次：2025 年 1月第 1 次
定　　价：59.80 元

本社网址：www.jccbs.com，微信公众号：zgjcgycbs

前 言

随着社会经济和文化的飞速发展，我国高等教育事业也有了迅猛的发展，高校入学率连年攀升，在校大学生人数连续数年超常规发展，这表明我国高等教育已经从精英教育阶段跃入了大众教育的发展阶段。今日中国之高等教育的发展已经不再是“大兴土木”的外延式发展阶段了，而应当走以提高质量为主的内涵式发展道路，质量是高等教育的生命。

当前高等教育质量已经作为重要关注指标被提出，而且社会各界对提升高等教育质量达成共识，各方力量在不断探索提升高等教育质量的方式与方法。对我国高等教育进行质量评价的研究是提升我国高等教育质量的内在要求和高等教育发展的必由之路，同时也是全面评估教学工作、诊断与更正教学过程的偏差等活动的必要措施，对促进教学改革工作并最终实现我国高等教育质量的全面、可持续发展具有重要意义。

本书是关于高等院校教育教学质量评价研究方向的著作，内容包括高校教育质量概述、高校教育教学质量评估及其内容、高校课堂教学质量评价的影响因素与优化策略、高校教育质量评价体系、高校教育质量评价方法、高校内部教学督导队伍的建设与管理、高校教学质量评价的问责反馈机制构建。本书的出版旨在为读者与相关部门开展高等院校教育教学质量评价提供必要的理论基础支撑和科学合理的方法指导，促进我国高等教育质量的深化和内涵的提升。本书适合从事高等教育教学的教师、教学管理人员阅读与应用。

目录

第一章　高校教育质量概述

第一节　高校教育质量的内涵

高校教育质量是大众化教育背景下的热点议题。随着精英高校教育向大众高校教育的过渡，高校教育正在从数量时代向质量时代转换，而培养符合社会发展需要的人才则成为高校教育质量的核心和根本标准。“质量”作为一个专门术语，最初源于工商业领域。在20世纪80年代以前，与高校教育相关的文献还很少涉及“质量”问题。20世纪80年代以后，学术界之所以提出“高校教育质量”这一概念，并广为流传，一方面是受政府政策的强制推行影响，另一方面也源于企业管理中质量话语的诱导。虽然质量问题已成为高校教育政治日程上一个优先考虑的问题，但学者们对它的解释却很不相同。

高校教育质量的内涵和外延具有极广泛的内容，就其内涵而言，高校教育质量是一种实践活动的质量，它应体现高校教育实践活动的本质，而且应反映高校教育实践活动的规律性。就其外延来看，高校教育质量应体现培养高级专门人才的质量、构建高校教育体系的质量、创办高校教育机构的质量、宏观管理高校教育系统的质量。高校教育质量至少有相关设定的规格、标准的一致性等六种定义，这些定义虽有相通之处，但每一定义所强调的重点并不相同，每种定义也都有其优缺点。实质上，无论如何界定高校教育质量，都必须回答这些问题：什么是质量？谁来确定质量？如何评估质量？因高校的主要职能是教学、科研、服务，因此其质量也包括这三个主要方面。

一般来讲，高校教育质量涉及的主体主要有国家政府、经济组织、高校教育系统或学术组织、受教育者（学生）。在国家政府看来，高校教育质量就是与预设的质量标准(对不同类型的院校可能设定不同的标准)一致性的程度,强调是否达标以及达标的程度。从经济组织视角来看,评价高校教育质量,就是指高校教育的属性是否满足高校教育主体的需要及其满足的程度。而就高校教育组织而言,高校教育质量是指高校教育实践活动在实现自身基本功能的过程中对高校教育基本规律的体现程度。在受教育者看来,高校教育质量的本质就是高校教育满足个人和社会发展需要的程度,最根本的是满足个人发展需要的程度。而根据评价的主体不同,还可以把高校教育质量划分为外适质量、内适质量和个适质量。外适教育质量是指高校所培养的人才为社会、经济、文化的发展所做准备的充分程度。而内适教育质量,它是高校为保证教育产品的质量(外适质量)所开展的教育、教学工作的优劣程度。

高校教育质量是一个多维的概念,要给高校教育质量下一个科学的定义,则既要体现出质量的基本含义,又要体现出高校教育的属性和功能。高校教育质量是质量的基本含义在高校教育领域的具体体现,是高校教育对质量基本含义的具体反映。据此,这里认为,高校教育质量是指高校教育在坚持社会效益和经济效益相统一的原则基础上,其各种活动及其产品的内适性与外适性的统一程度。而高校教育质量的含义还可以概括为:高校教育产品和服务所具有的高效性、人文性和调适性在满足社会和学生发展以及高校教育系统自身有序运转方面要求的程度。应该说,该界定既体现了高校教育质量的宏观性,也反映了高校教育质量的微观性;既反映了高校教育的社会属性,又反映了高校教育的个适质量特征;既具有在管理领域质量本身的内涵,也具有高校教育质量的领域特征。

第二节　高校教育质量的特征与维度

一、高校教育质量的基本特征

高校教育质量具有层次性与规格性。主要体现在高校教育要根据社会、经济、文化、科技等多项事业发展对高级专门人才不同层次的需求,培养出达到相应层次标准的人才方面。在同一社会需求的层次上，高校教育体现了不同行业或不同学科领域对高级专门人才需求所培养人才的差异性。高校教育质量具有时间性与空间性。时间性指不同时期的社会发展阶段，其对高校教育培养人才标准的需求不同，高校教育培养满足不同时期需求的不同标准的人才是其教育质量时间性的具体表现。而空间性指在同一时期，世界各国同一层次的高校教育质量是不同的，以及在一国同时期内不同层次的高校教育质量是不同的，这是由各国社会经济发展需求决定的，也是由各国高校教育发展的历史决定的。高校教育质量具有主体性与对象性。主体性指高校教育培养的人才标准虽然在规定上是统一的，但具体到每一个人，因经历等的不同，其初步获得的科学研究能力或独立进行科学研究能力的表现就是千差万别的。对象性指对受教育者有一个满足社会需求的统一的规定标准，这是对人才培养的客观要求，是对被培养者这个群体的标准制约，这就是高校教育质量的对象性特征。

除此之外，高校教育质量还具有客观性与主观性。它包括两个方面的含义：一方面是指它的存在形态是客观的，即高校教育质量是不以人的意志为转移的客观存在。另一方面是指它的评判标准是客观的，即评判高校教育质量的高低、优劣、好坏存在着客观标准——尽管这个标准在不同条件下可能是不同的。高校教育质量还具有统一性和多样性特征。统一性包括两个层面的含义：一个是宏观层面的含义，是指一切高校教育所共同遵循的总的质量标准，也称高校教育的基本质量。另一个是中观层面的含义，是指同一类型或同一层次的高校教育所共同遵循的基本质量标准。高校教育质量的多样性反映的是高校教育的个性特征，是指不同类型、不同层次、不同办学形式的高校教育在具体的质量标准上是不同的，也称高校教育的具体质量。高校教育质量还具有特色性与可比性。特色性也称高校教育质量的个性，它是指不同国家的高校教育或同一国家内不同的高校在人才培养、科学研究、社会服务等方面所具有的与众不同的特色。

最后，高校教育质量也体现出了学术性与实践性的特征。学术性质量将高校教育与高深学问联系在一起，重视教育自身的规律，注重学生的知识水平与学术成就。然而高校教育质量本质上属于实践范畴，高校教育质量是这一实践活动各个环节、各种具体形式的质量的综合体现。高校教育质量也体现出了自主性与依附性的特征。高校教育的基本特性是知识性，知识的本质要求高校是高校教育质量保障的主体，要求同行评估，要求评估的专业化，要求高校教育质量保障不能有统一模式。高校教育质量在政策层面、操作层面始终受到政治意识形态和市场价值的制约和影响，因此表现出明显的被动性和依附性特征。高校教育质量也体现出了发展性与滞后性的特征。没有一成不变的教育质量，高校教育质量是随不同时期的不同发展主题而发展变化的，不能脱离发展来谈质量。然而，教育的产品是人而不是物，其质量的显现与其他物化产品不同，具有滞后性。高校教育质量也体现出了系统性与片面性的特征。高校教育质量是整个高校教育系统的质量，是一种整体质量，而不是单一的人才培养质量。然而，系统质量仍非高校教育的全部。在社会问责情形下，高校教育外在的政治功能、经济功能凸显，但其内在的文化功能、育人功能、独立价值依然有效，依然居于核心。

二、高校教育质量的维度

随着高校教育的大众化，高校教育所面对的需求也有了新的特点，高校教育机构明显分化。在这种情况下，高校教育质量标准开始走向多样化和多元化。正如世界高校教育大会通过的《21 世纪的高校教育：展望行动的世界宣言》所指出的："高校教育质量是一个多维的概念，它应该包括所有的功能与活动：教学与教学计划项目、研究与学术活动、教职工队伍、学生、建筑与设施、仪器与设备、对社区与学术环境的服务。"早在 20 世纪 70 年代，OECD 就开始了教育发展指标体系的研究，并提出了初步的教育发展指标体系。《教育概览：OECD 指标》在不同的年度有不同版本，数据有所差异，指标内容不断更新，但主要有五类指标。在 21 世纪初，将原有的 A 类指标与 E 类、F 类指标合并，重新定义为"教育机构的产出与学习影响力"。C 类指标删掉了"特殊需要学生或获得额外资源学生"的指标。D 类指标增加了"教师的供给与需求"和"教师的培训和发展”，详见表1—1。

表1—1　OECD指标体系

指标分类	内容
A类指标	教育背景（包括人口、社会、经济等）
B类指标	主要是教育投入指标，如生均教育支出、教育支出占GDP的比重等
C类指标	受教育机会、教育参与及教育进步等
D类指标	学习环境及学校组织
E类指标	教育产出（包括个人、社会产出和劳动力市场）
F类指标	学生成绩

将高校教育质量划分为个适质量、内适质量和外适质量三个部分，其实质就是对应于高校教育三大职能维度上的教学和人才培养质量、科学研究质量和社会服务水平。大众化高校教育质量处于不断生长的进程中。办学条件是质量生长的重要载体，教育教学改革是质量生成的主要动力，质量保障程序是质量生成的必要机制。办学条件、教育教学改革和质量保障程序的变化情况，是衡量大众化高校教育质量的主要参数。大众化高校教育质量的变化主要通过上述参数表现出来。研究大众化高校教育质量，必须对上述三方面的变化情况，以及它们与培养目标之间的关系进行综合分析。具体来看，办学条件变化主要包括招生、投入、师资等各种教育资源变化情况，着重分析生均教育资源的变化情况，如生均校舍面积、生均教学行政用房、生均学生宿舍面积、生均固定资产值、生均教学仪器设备值、师生比等。

由于人才培养在高校教育中处于核心地位，传统上人们对于高校教育质量的研究一般主要集中在人才培养质量上。因此，高校教育质量标准理应集中在人才培养质量标准上。从人才培养层次、人才规格和学科类型三个维度出发，可以构建多样化的高校教育质量标准结构体系。从教育层次角度出发，高校教育质量标准可分为专科、本科、硕士研究生、博士研究生四个层次。即使同一层次、同一专业，人才培养的规格也是各不相同的，社会人才可由学术型人才、工程型人才、技术型人才和技能型人才四类组成。每个学科类型的专业教育范围、内容不同，其特点和要求也就不相同，它们的教育质量标准也不会相同。对于研究型大学，其教育质量标准应该侧重于学术型标准；对于定位于教学科研型或教学型的高校，其教育质量标准应该追求应用型标准；而对于高等职业技术教育，由于要求其教学内容必须具有很强的实践性、针对性和应用性，对理论知识的掌握则以够用为原则，不强调深层次理论的学习，因此就应当追求职业型标准。

高校教育是一个结构严密、层次清晰的系统，研究高校教育质量可以根据研究的目的将其划分为三个层次。

第一层次是宏观高校教育系统质量。它指的是国家各级各类高校教育的总体水平，其内涵是发展水平，包括高校教育的规模、结构、质量、效益，国民平均接受高校教育年限，高校教育对国民经济发展的贡献率，高校教育的国际竞争力等特定要素。第二层次是中观高校人才培养质量。它指的是各级各类高校的办学水平，即高校各个基本要素实际水平的整体体现。第三层次是微观高校教学、科研、社会服务质量。它指的是高校内部的教学质量、科学研究质量和社会服务质量，其实质是高校三个职能的实现程度。

目前国外对高校教育质量与水平评价指标主要有经济指标、人口指标、高校教育发展指标、高校教育经费指标、科技活动与水平指标和软指标等。经济指标主要包括国民经济指标、公共财政投入水平和产业机构指标。教育者和受教育者是总人口的一部分，人口状况，尤其是目标期内适龄教育人口的数量和结构的变动，对高校教育发展影响很大。以高校教育毛入学率、成人人口的预期平均受教育程度作为衡量我国高校教育规模的指标，以此表明我国高校教育的实际规模水平与潜在规模之间存在较大的差距。高校教育质量的维度划分应考虑到利益主体的不同，譬如，从政府、社会、学校、学生取向等四个方面的维度进行设计，设计每个维度的教育质量标准，然后整合成部门级或国家级教育质量标准。

总的看来，高校教育质量评价具有多个层次、多个维度，每个层次的多个维度下又包括诸多具体的子维度或量化指标。就高校教育质量评价的量化研究取向而言，其要求各子维度至少具有适切性，也即各指标得到了比较广泛一致的认可以及可测量性，也即该指标下的数据可以明确地量化统计分析。鉴于高校教育的最基本功能（科研、教学与服务）以及以质量评价促进高校教育或高校发展的宗旨，将高校教育质量评价的对象落脚到各高校，而将评价主体确定为高校教育主管机构或主管机构委托的其他社会中介机构，将评价层次确定为微观的学校基本功能层面，这样就使得高校教育质量不但具有国际可比性，而且在操作上也更为简单且有效。现今，以学校学生学习成果为结果或产出变量已经成为美国乃至世界高校教育质量评估的核心内容，它提供了能够显示每一所院校办学成效的最为重要的依据。

第三节　高校教育质量的量化技术

高校教育质量评价中的量化技术大体可总结为三类：其一为描述性统计分析，主要回答过去或现在的高校教育质量状况问题，可由许多维度及其子维度构成，每个子维度又可包含许多不同的量化指标。其二为回归统计分析，主要回答未来高校教育质量可能的变化情形，一般由现时或过去多年的各维度及其子维度来进行预测。其三为基于发展性评价理念的增值评价技术，主要采用多层线性模型的分析方法。

一、描述性统计分析技术

欧阳河围绕提高高校教育质量设计了 10 个问题：①您觉得目前高校教育质量的总体情况如何？②教育质量问题特别突出的是哪些教育层次或类型？③教育质量得不到保障主要是哪些环节出了问题？④当前高校教育人才培养出现的质量问题突出表现在哪些方面？⑤提高高校教育质量存在哪些主要困难和问题？⑥产生高校教育质量问题的主要原因有哪些？⑦确保高校教育质量应具备哪些前提条件？⑧提高高校教育质量取得成效的决定性因素是什么？⑨要想提高高校教育质量，当前必须注意防范和化解的主要风险是什么？⑩在提高教育质量的改革与创新中，您在哪些方面会获得好处或有所损失？就上述10个问题采用匿名、书面形式进行调查，调查对象主要有某省本、专科学校39所，计849人。对有代表性的10所大学和省委党校厅、处级干部培训班学员也进行了调查，对29所大学进行邮寄问卷函询调查。调查在半监督式或无监督式自填情况下进行。对回收后的数据，以百分比及表格的形式呈现了所有分析结果。研究者在最后总结时指出，虽然本次咨询采用匿名函询的方式使得函询结果比较客观，咨询结果具有较大的参考价值，但是，咨询目标对象总体较大，样本按照非概率整群抽样和分层抽样抽取，样本带有一定的随意性，教育系统外样本偏少，教育行政部门未被抽样，样本并不能完全代表总体水平。赵婷婷等对北京市高校教育质量的研究也采用了描述性统计分析方法。该研究数据源于《北京高校教育质量报告》的统计数据，同时结合我国高校教学水平评估的具体指标，从师资队伍、经费和硬件设施、教学改革、学生四个方面，对北京高校教育的质量状况进行了回顾与总结。该研究主要以图示和图例的形式，结合对相关数据的分析，对北京市几年内高校教育的质量进行了纵向的分析，因其数据从本质上来看仍是一次性获得的短期数据，所以仍以描述性统计来进行分析。

二、回归统计分析技术

刘泽云等认为，可以采用基于回归法的倾向性指数方法来估计高校教育质量的收益。研究者认为，倾向指数的估计量可以用Probit或Logit模型估计得到，对于倾向指数为P(Xi)的处理者，用P(Xi)附近的非处理者进行匹配。在实际应用中，倾向指数匹配法有分层匹配法、最小邻域匹配法、半径匹配法和核匹配法等几种方法。

三、多层线性模型分析技术

李湘萍等认为，在高校教育情境下，学生的学习成果(student learning outcomes)是增值评价的关键指标，如何界定和度量将直接影响评价结果。大学生学习成果的数据信息主要来自以下三个渠道:标准化测试、自陈式量表、课业考试成绩(college grades),其中标准化测试与自陈式量表是获得增值评价数据的最主要途径,在当前美国高教评估界,这两种途径可以说势均力敌,但又各有千秋。通过标准化测试与自陈式量表获得相关数据后,国内外学者主要运用分数差值法、多元线性回归模型以及多水平分析模型(hierarchical linear model,简称 HLM)这三种方法对数据进行统计分析,从而最终实现对大学生学习过程和结果的增值评价。

①分数差值法。所谓“增值”,是指大学教育对学生学业成就所带来的积极影响。在实证研究层面,“增值”体现在横向研究中不同年级学生群体间的差异,以及纵向研究中同一批学生前测、后测结果的差异,分数差值法常使用关键指标,如以大学生学习成果的平均数变化效应值(effect size)和方差来表示增值的幅度大小及其变异程度。分数差值法常用于标准化测试数据的分析,操作简易,但很难从数据背后找到大学生学习成果增值的影响因素,只能进行学校之间的简单比较。

②多元线性回归模型。多元线性回归模型是分析一个因变量与多个自变量之间线性关系最常用的统计方法,也是估计观测值与期望值之间残差值的标准统计技术。通过多元线性回归模型得到的残差值,即是大学生在一段时间内学习进步的“增值”。多元线性回归模型将学生以及学校层面的各种影响因素同时纳入统计模型,深入分析学生和学校两个层面内部变量间的关系以及跨层变量间的关系,从而科学评价影响大学生学习成果不同因素的重要程度及其交互作用。

③多水平分析模型。多水平分析模型本质上是“回归的回归”,它通过量化影响学生学业成果的各种影响因素,设计回归方程,运用层层嵌套的模型分层,全面考查学生、班级、学校、地区等各种变量对学生学业成果的影响。多水平分析模型可以通过 HLM、MLwin、Lisrel、M-plus 以及 SAS 等统计软件来进行分析。多水平分析模型的主要优点在于可以将影响学生学业成果的外部因素(如学生的学习基础、家庭背景等)与学校或教师的效应分离开来,得到学校或教师的“净效应”,从而科学评价高校

之于学生的影响力。

除此之外，也有学者根据国外高校教育质量评价相关模型，整合运用了多种统计分析技术来开展相关研究。张爽等在参考国内外相关学者研究资料的基础上，构建了高校教育服务质量评价的差距分析模型，并从顾客（学生）的视角，提出了一种新型的高校教育服务质量评价的模糊技术模型和方法。由于从顾客（学生）的期望和感知的角度来评价高校教育服务质量涉及人的心理活动，导致具体评价过程中存在许多模糊因素，如果忽视了这种模糊性，所进行统计的原始数据的真实性将会存在很大的问题。如果用清晰等级来划分顾客（学生）的实际感受，这和顾客（学生）心理活动的实际情况是存在很大差异的。因此，在获取实测数据时，必须考虑顾客（学生）心理感知的模糊性，避免等级的清晰划分和界点两侧的跃变，要承认等级之间的中介过渡和亦此亦彼性，这就必须借助模糊集合论的方法予以处理。高校教育服务质量的好坏并非取决于提供教育服务的高校对所提供的教育服务的评价，而是由接受教育服务的顾客（学生）对服务质量的评价所决定的。学生对教育服务质量的评价是其自身对高校提供的教育服务的真实感知和期望之间相互比较的结果，其中必然涉及人的心理活动和许多模糊因素。因此，本研究从顾客（学生）的视角，运用模糊技术方法对高校教育服务质量进行评估具有一定的科学性和适用性。在高校教育服务质量测评中应用模糊技术是一个新的尝试，具有探索性质，有待于在理论上进一步挖掘深度，在实践中进行应用和验证。

第二章 高校教学质量评估及其内容

第一节 高校教学质量评估的目的和依据

对高等学校教师的评估，一般包括教师工作业绩评估、教师综合素质评估和教学质量评估等几种，但最经常、最重要的是教学质量评估。本节首先论述教学质量评估的目的和依据。

一、高等学校教学质量评估的目的

开展教学质量评估，不仅是学校、专业以及课程教学工作评估的必要环节，而且对推动教学改革、调节教师的教学行为、提高教学水平、加强教师队伍的科学化管理等具有直接的促进作用。

（一）推动教学改革的深入开展

科学技术的不断进步和社会需求的不断变化，要求高等学校培养人才的教学过程也要不断进行改革，以适应经济建设和社会发展的需要。与此同时，改革开放的深入和社会变革的加快，也在一些方面影响着学校教育对象心理、知识和能力基础的变化，因此，高等学校的教学也应该是动态的，而不能是一成不变的。面向新世纪，积极开展教学改革，努力提高教学质量，培养德、智、体诸方面全面发展的社会主义建设者和接班人，是当前每一位教育工作者在教育教学改革中需要认真思索的问题。开展教学质量评估，有利于推动教学改革的深入开展，促进教学质量的不断提高。与传统的诸如互相听课、观摩教学，以及由教学管理部门组织的教学检查相比较，有组织、有计划地开展教学质量评估，是按照一定的评估目标和标准进行的，它具有收集信息量大，检查考核项目具体、系统的特点，因而能比较全面的诊断和发现教学中的优点、长处以及缺点与不足等。通过教学质量评估，教师可以从不同渠道获取教学的反馈信息，作为改革教学的客观依据，有针对性地采取改革教学的措施，从而能促进教学质量的不断提高。开展教学质量评估的目的，不仅要对教师的教学工作状况作出价值判断，而且要对教学改革提出明确要求，使教学改革沿着正确的方向发展。在评估中，通过教学质量评估体系的建立和实施，还可以引导广大教师树立正确的教学观、质量观和人才观，使教师明确对自己的要求和努力方向，促使教师尽快转变教育教学思想，努力改革和优化教单过程，在教学中更好地发挥主动性和创造性，推动学校的教学改革沿着正确的方向前进。

(二)有效调节教师的教学行为

教师的教学是一个动态、多变的系统，其要素包括教师、学生、教学内容、教学方法和教学手段等，这些要素相互作用的过程就是教学系统运行的过程。要保证教学过程的优质、高效运行，使教学活动不断接近教育教学目标，就必须对教学活动过程中偏离目标的行为不断进行修正。开展教学质量评估，可以为对教师达成教学目标的情况进行深入分析提供可靠的客观依据，从而有利于教学行为的有效调节。在教学过程中，教师借助于评估的反馈信息，可以及时了解教学目标的达成情况，掌握学生对所学知识的理解水平，发现教学中存在的问题与不足，从而能有的放矢地调节教学内容，改进教学方法，更新教学手段，在以后的教学中不断提高教学质量，取得更优异的成绩。教师只有充分了解自己在教学实践中的薄弱环节及今后的努力方向，才能扬长避短，力求通过优化教学过程来完成教学任务，实现教学目标。通过开展教学质量评估，还可以使教师在相互之间的听课、评课活动中增进彼此了解，互相学习、取长补短，不断提高自己的教学能力和水平。并能激发教师搞好教学的内在需要和动力，增强提高教学质量的热情和信心，逐步形成个人的教学特色和教学风格。

(三)促进教师队伍管理的科学化

高等学校具有多种职能，首要而基本的职能是培养人才。高等学校的教师也要承担教学、科研等多项任务，但经常而主要的任务是教学，教书育人是教师的天职，古今中外，概莫能外。因此，对教学质量的评估，不仅是高等学校及其专业和课程教学工作；评估的重要内容，而且也是高等学校教师工作业绩评估的重要组成部分。教学质量优劣是衡量教师业务水平的一个重要标志。也是加强师资队伍管理与建设的重要课题。开展教学质量评估，根据教学质量评估所提供的客观信息，可以使学校领导及教学管理部门对教师队伍的现状作出客观判断，对其未来发展做出科学规划，有利于提高师资队伍管理与建设的科学化水平。加强教师教学质量评估工作，也有助于进一步完善当前正在实施的教师岗位聘任制，使聘任工作建立在更科学的基础上，做到发挥各类教师的特点，将教师聘任到相应的工作岗位。有利于把热爱教学工作、学术水平高、教学能力强、教学效果好的教师聘任到教学第一线。同时也便于发掘人才，把优秀的青年教师及时聘任到相应的重要教学岗位，充分发挥他们的作用，破除论资排辈的弊端。只有建立科学的教学质量评估制度，也才有可能将极少数对教学工作不负责任或教学水平低下的教师进行解聘、缓聘或调离教师岗位，从而发挥聘任制对学校教学工作的促进作用。

二、高等学校教学质量评估的依据

教师是课程教学任务的主要承担者，课程的教学质量在很大程度上取决于任课教师的教学水平。从一定意义上来说，评估教师的教学质量也就是评估课程的教学质量。因而，教学质量评估也应以课程教学工作评估所依据的课程教学目标和大纲、课程的类别和性质、高等学校的教学原则等为依据。除此以外，评估教师的教学质量，还应依据社会发展对教学提出的要求以及教学工作本身所固有的特点和规律等，具体有以下几个方面：

(一)依据国家教育法规及方针政策中的有关规定

社会发展对教学提出的要求集中体现在国家有关的教育法规及方针政策之中，这些教育法规及方针政策是开展教学质量评估的重要依据。

《中华人民共和国教师法》(以下简称《教师法》)第一章第三条对教师的职责作了明确的规定:“教师是履行教育教学职责的专业人员,承担教书育人、培养社会主义接班人、提高民族素质的使命。”并对教师的义务提出了具体要求:①遵守宪法、法律和职业道德,为人师表;②贯彻国家的教育方针,遵守规章制度,执行学校的教学计划,履行教师聘约,完成教育教学工作任务;③对学生进行宪法所规定的基本原则的教育和爱国主义、民族团结的教育,法制教育以及思想品德、文化、科学技术教育,组织、带领学生开展有益的社会活动;④关心、爱护全体学生,尊重学生人格,促进学生在品德、智力、体质等方面全面发展;⑤制止有害于学生的行为或者其他侵犯学生合法利益的行为,批评和抵制有害于学生健康成长的现象;⑥不断提高思想政治觉悟和教育教学业务水平。对于教师的考核,《教师法》第五章第二十二条规定:“学校或者其他教育机构应当对教师的政治思想、业务水平、工作态度和工作成绩进行考核。”这些规定反映了国家和社会对教师从事教育教学工作的基本要求,是教师开展教育教学工作时所必须做到的,因而必然也是评估教学质量的基本依据。

振兴民族的希望在教育,振兴教育的希望在教师,一个学校能不能为社会主义建设培养德、智、体等方面全面发展的社会主义建设者和接班人,关键在教师。因而,在国家发布的许多教育法规及重要文件中都提出了对教师的要求,如《中国教育改革和发展纲要》第五部分“教师队伍建设”中第四十条指出:“教育的改革与发展对教师提出了新的更高的要求。教师是人类灵魂的工程师,必须努力提高自己的思想政治素质和业务水平,热爱教育事业,教书育人,为人师表;精心组织教学,积极参加教育改革,不断提高教学质量。”国家教委制定的《高等学校教师职务试行条例》对高等学校教师中的助教、讲师、副教授、教授的任职条件作了详细阐述,《高等教育法》第五章对高等学校的教师资格制度及教师职务制度作了明确规定,两者中都包括了对教学工作的要求。这是国家对高等学校教师职责和相应要求的基本法规,理所当然地应当作为对教师评估,包括对教学质量评估的重要依据。当然,这些教育法规及文件中的有关规定还是原则性的，在进行评估时，有待根据实际情况加以具体化。

(二)依据教育理论及教学工作的特点

教育理论是揭示教育规律的科学，它是前人教育经验的总结。以教育理论为指导的教育实践才是科学的实践，否则就是盲目的实践。教学质量评估是一项理论与实践密切结合的活动.因此，开展教学质量评估、确定评估内容必须以教育理论为指导，充分考虑教师从事教学工作的如下一些主要特点：

(1)复杂性。教学的对象是具有主观能动性的人，他们有各自的需要和态度，彼此间存在一定的差异，而且学生生活在社会之中，来自各个方面的影响和干扰无时不在学生身上发生着作用，这就决定了教学的复杂性。一方面教师在进行教育教学时，不能采取千篇一律的方式，而必须善于根据每个学生的不同个性差异和心理特征采取不同的方法，遵循因材施教的原则，使所有学生都得到较好的发展。另一方面教师必须全面了解学生的情况，善于组织利用有利于学生成长的各种积极因素，使学生在最佳影响中不断进步、全面发展。教学的复杂性决定了教师必须具有较强的教育教学能力与方法，在确定教学质量评估内容时，必须考虑教学的复杂性特点。

(2)创造性。教育教学工作固然有章可循，教学既有大纲也有教材，但这并不意味着教师可以照本宣科，也不意味着所有教师都采用同一教学方法和教学模式。教师在教学中采用何种教学方式把教学内容传授给学生，怎样调动学生学习的积极性，怎样培养学生优良的思想品德，怎样充分发挥学生的爱好、兴趣和特长等，无不需要教师进行创造性地思考和实施。这种创造性的劳动要求教师具有开拓创新的意识和能力。在开展教学质量评估时，应充分注意教学的创造性特点。

(3)示范性。教师不仅要通过知识技能的传授武装学生的头脑，而且要通过自身的行动影响学生的思想品德，教师的世界观、言谈举止、治学态度都不同程度地影响着学生，在学生的头脑中留下不可磨灭的印象。这就要求教师时时检点自己，事事以身作则，处处为人师表。开展教学质量评估，正是为了引导教师自觉地约束自己，不断完善自己，更好地发挥示范作用。

（4）个体性和协作性。教师所从事的教育教学活动，无论备课、上课、批改作业，还是课外辅导、答疑等，多以个体形式独自进行。这就要求教师应具有高度的自觉性、责任感和良好的职业道德。开展教学质量评估应高度重视教师劳动的个体性特点。与此同时，教师的教学又具有集体协作性的特点。一个学生在接受教育的整个过程中，要受许多教师的教育和影响，任何一个学生知识的掌握、能力的发展、思想品德的形成，都绝不只取决于某一个教师，而是各有关教师集体协作劳动的结果。在教学质量评估中既要考察教师个人的成绩，激励教师深入钻研、精益求精、发挥特长，又要提倡团结协作、合作共事、无私奉献的工作精神。

（5）延时性和滞后性。教师教育教学的效果具有延时性和滞后性特点，这是由人才成长周期长的规律所决定的。从根本上来讲，评估教学质量的主要依据是其教学的实际效果。但是，人的培养是一个连续的、长期的过程，作为培养人才的教师教育教学活动不可能立见成效，也不可能在短期内作出准确判断。因而在教学质量评估中，应突出其教学工作过程的评价，通过考察其教学工作职责的履行和学生整体素质的提高情况来判断教师教育教学工作的效果。

（三）依据实践经验及有关评估的特定要求

实践是认识的基础，人的认识离不开实践，认识从实践中产生，随着实践的发展而发展，并服务于实践，同时又受实践的检验。教学质量评估的内容、指标以及方法的确定，要吸纳那些经过较长时间和较大规模的实验研究，其可靠性和正确性都经过实践检验的经验和成果。

对教学质量的评估，常常也作为诸如学校教学工作评估、专业教学工作评估、课程教学工作评估的一个组成部分而出现。在这种情况下，开展教学质量评估还应充分考虑相关评估的特定要求，并作为依据之一。

第二节　高校教学质量评估的范围与对象

一、教学质量评估是以课堂教学为核心的教学活动全程评估

之所以将课堂教学作为教学质量评估的核心，是因为我国高校目前仍以课堂教学为主要方式。课堂教学是教师传授知识的重要阵地，是学生提高知识素养的主要渠道。虽经多年教学改革，课程结构有较大调整，减少了必修课，增加了选修课，课时也有所压缩，给学生留有较多的自主学习时间，但课堂教学时数仍占较大比重。在课堂教学中，教师的教学态度，传授知识的深度和广度，教学方法是一言堂满堂灌，还是师生互动、生生互动的启发式，能集中、明显地表现出来；同时从学生的表现，也可看出教学的效果。如果说把教学比喻为一场演艺活动，那么，课堂教学就是教师表演的主要舞台。课堂教学在教学全过程中所处的这种重要地位，决定了教学质量评估要以课堂教学为核心。评估专家必须经常深入课堂听课，了解与考核教师的教学质量。专家听课时要精力集中，既要动脑分析，又要动手记录。

对教师授课表现出的优点和缺点，都要进行准确的分析和概括，并将评估意见反馈给教师。有时为了作出准确的评估，专家往往要多次反复地听课，不断地跟踪听课。不少评估专家反映，“听课之劳，并不亚于教师讲课所付出的心血”。很多教师也说：“我们讲课很累，你们专家听课也不轻松。”

教学质量评估以课堂教学为核心是必要的，如果离开“核心”，不把课堂教学作为重点，显然不可能正确评估教师的教学质量。但“核心”不等于教学过程的整体系统，它只是整体的最重要的组成部分，是教学全过程中最主要的阶段。教学质量评估如果仅限于课堂教学，还不可能对教师的教学质量做出全面的评估。对构成教学全过程的诸多教学环节，如教

学大纲、教学日历、教案编写、教材运用、辅导答疑、作业批改、实验实习、学年论文与毕业论文(设计)指导、考试命题与评卷等也都应纳入教学质量评估的范围之内。这些教学环节能帮助学生进一步理解和消化课堂教学内容和培养学生的综合能力。教师是否重视对各个教学环节的组织与指导,保质保量地完成教学全过程的任务,能反映出教师的教学态度和教学水平。教学质量评估的实践表明,有的教师注重课堂教学,而对其他教学环节重视不够,例如,只上课不辅导答疑和批改作业,编写教学大纲和填写教学日历不认真,实验实习不按教学计划的规定去完成,考试命题不规范和判卷有误等现象,为数不少。

二、教学质量评估是以承担本专科主讲任务教师为对象的全员评估

当然,对其他教学环节的评估难度较大,因为教师人数众多,课程的种类复杂,所以只能依靠各个学院平时对教师的考核了解和学校评估专家进行专项评估。如我校对试卷质量的专项评估已进行了多次,在提高试卷规范化程度,促进考试改革的深化方面,收到了良好的效果。

由于我校的定位是以培养本科生为主,这就决定了教学质量评估的主要对象是主讲本科课程的教师。担任专科教学任务的教师虽然是少数,但也列为教学质量评估的对象。教学质量评估的目的不是单纯地“评差”或“评优”,而是全面提高教学质量。因此,其对象是全体教师,对在我校担任本专科教学任务的教师,不分专业与课程性质,不管职称与学历高低,也不分在职还是返聘或外聘,均纳入教学质量评估的范围。学校教学质量评估方案中明确规定:凡承担我校本专科主讲任务的教师,其教学工作总量(包括讲授研究生课、指导毕业论文等)符合学校有关规定,其中每学年为本科生授课达到60学时以上(55岁以上教授为本科授课不低于36学时)者,均为教学质量评估的对象。既坚持全程教学质量评估,又坚持全员教学质量评估,是我校教学质量评估的显著特点。

有人对教学质量评估对象持有不同的见解,认为老教学经验丰富,没

有对其进行教学质量评估的必要;年轻教师缺少教学经验,应通过教学质量评估促其提高。这种看法有一定的道理,但不全面。对老教师进行教学质量评估,一方面可以总结他们的成功经验加以推广,另一方面也要看到有的老教师在长期教学实践中积淀而成的某些陈旧的教学观念、教学方法不易改变,也应通过教学质量评估推动其改革与提高。至于年轻教师,则理应成为教学质量评估的重点。近年来补充的年轻教师中,已有一批成为教学的骨干,但还有部分教师没有过"教学关",通过教学质量评估,帮助他们提高是非常必要的。还有一种看法,认为把在职的教师作为教学质量评估的对象是应该的,而对返聘、外聘教师,就不必教学质量评估了。这种看法也是不全面的。返聘、外聘的教师的素质是不一样的,教学质量有优劣之分,通过教学质量评估,一方面可以帮助他们提高教学质量,另一方面也可提供续聘或解聘的依据。

第三节　高校教学质量评估的内容

目前,围绕教学质量评估的提法比较多,例如,教学评估、教学质量评估、教学水平评估、课堂教学评估、课堂教学质量评估、课堂教学水平评估,等等。尽管提法不同,但都从不同角度提出了有一定价值的评估思路和评估内容,有力地促进了教学质量评估研究的开展。教学质量评估,是以教师的教学为研究对象,依据一定的方法和标准对教与学的过程和效果作出客观衡量和价值判断的过程。它包括教学过程评估和教学效果评估两个方面。教学过程评估主要是通过教师的教学水平来体现教学质量;而教学效果评估则主要是通过学生的学业水平来体现教学质量。虽然两者的角度不一样,但其着眼点却是一个,即对教师的教学质量进行评估。

教学过程是指学生在教师的指导下获取知识、发展能力、形成思想品德的过程。在这个过程中,教师是根据一定的教育目标,通过制定教学的目标、计划和指导学生学习,使学生逐步达到预期的目标。因此,对教学过程的评估，从全面质量管理的观点来理解，它不仅应包括课前、课堂、课后等几个基本环节，而且还应包括构成教学过程的其他因素，主要应从教学目标的设置、教学内容的安排、教学结构的设计、教学方法的选择，以及教学能力的体现等方面去进行考察。教学效果是教学质量的最终体现，它主要表现在学生的学业成绩、学习目的、学习态度以及人格变化等方面。对教学效果的评估，原则上要按照教学大纲的要求，经过对教材的分析，制定出具体的教学评价目标，并据此判断学生达到教学目标的程度。但是，必须注意，学生学业成绩的优劣是受多种因素制约的，他们的学习目的、学习态度、学习习惯以及原有的学习基础等因素也是教师难以直接控制的，而且对教学效果影响很大，所以不能简单地把学生学业成绩作为评价教学效果的根据，而要作具体的分析。目前，一般认为，应通过对教师各项教学预定目标的完成情况和对学生理解、掌握所教内容的水平以及学习积极性等方面的考察去评估教学效果。教学过程评估和教学效果评估虽然是构成教学质量评估的两个方面，但它们之间又是相互联系、相互补充、相互渗透的，在一般情况下，二者之间的评估应当是一致的。

教师的教学工作是一种复杂的智力劳动，影响教学质量效果的因素是多方面的，既有许多外部因素（如教育制度、社会风气、学校管理、教学条件、学生基础等），又有许多内部因素（如教师教学业务素质、教学态度、教学能力等）。但是，选择教学质量评估内容及评估指标不能面面俱到，而应分清主次、突出重点。否则，不仅会增加评估工作的困难，而且由于因素繁多，重要因素不能突出，还会导致评估结果与现实不符，严重影响评估工作的可信性。因为影响教学的内部因素毕竟对其教学工作起着更为主要和直接的作用，因而选择那些对教师有着长期和本质影响的内部因素作为评估内容是适宜的。评估内容还必须符合教学工作的基本规律和实际情况，并能反映教学的共同属性。缺乏可比性的因素，如教师的教学风格、教学特色等，则不能列入评估内容。否则，就难以获得符合实际的评价。此外，应当指出，教师的学识修养，包括精深的专业知识、广博的科学文化素养、良好的教育理论修养等，是教师搞好教学工作的必备条件，但这些因素是教师取得优良教学成绩的潜在素质，很难直接测量，而它们又可以通过教师在教学过程中对知识的恰当处理和对方法的灵活运用等显示出来，因而也不必单独列入评估内容。

根据上述讨论的结果以及高等学校教学工作的性质和任务，可选择以下几个方面作为教学质量评估的内容：

一、教学内容

教学内容的评估因素比较多，可以根据学校的实际情况有所侧重，其评估内容的要点是：

(1)教学目标的明确度；

(2)讲授内容的科学性；

(3)反映现代科技成就情况；

(4)课程进度及学习负担的合理性。

(5)处理教材的深广度。

二、教学方法

对教学方法的评估，应包括教学艺术水平和现代教育技术手段等因素，其评估内容的要点是：

(1)授课的条理性、生动性、启发性；

(2)学生学习方法及分析能力培养；

(3)教学语言与板书，教学效率；

(4)理论联系实际情况；

(5)采用现代教育技术及教学手段情况。

三、教学态度

对教学态度的评估，应包括备课、答疑、批改作业、教书育人、因材施教、改进教学等内容，其要点是：

(1)备课的充分性，讲解的熟练程度；

(2)答疑、批改作业情况；

(3)教书育人，严格要求学生情况；

(4)因材施教，关心学生发展情况；

(5)改进教学情况。

四、教学效果

教学效果是教学有效运行的主要表现，也是判断教学质量高低的重要标志，其评估内容的要点是：

(1)各项教学目标完成情况；

(2)学生对讲课内容的理解、掌握情况，作业或练习质量；

(3)学生分析、解决问题的能力；

(4)学生的学习积极性和主动性；

(5)课堂教学纪律情况。

上述内容，一级评估项目四项，即教学内容、教学方法、教学态度、教学效果；二级评估项目二十项，即所列举的评估要点。

第四节　高校教学质量评估的作用与效果

一、拉动了教学改革

为了深化教学改革，更新教学观念，学校曾两次开展全校性的教育思想观念大讨论，对帮助广大教工树立高等教育大众观、国际观，个性化教育观、多元质量观、社会轴心观、学生主体观等先进教育观念，起到了重要的作用。破除陈旧的教育思想，树立新的教育理念，这是两种教育观念激烈碰撞的过程。对广大教师来说，接受新教育观念的速度有快有慢，差异明显，特别是那些旧的教育观念已成为其思维惯性的教师，更新教育观念难度更大。这就需要加大宣传教育的力度，提高广大教工的认识水平。虽然统一教工的认识是重要的，但更重要的是要付诸教学实践。如果只停留在理性认识阶段，而不转化为教学实践，再好的理念也没有什么作用和意义。从理性认识到教学实践，这是一次更重要的飞跃，我校的教学质量评估工作对于实现这种飞跃发挥了显著的作用。在新近修订的教学质量评估方案中，其评价标准对教师的课堂教学提出了新的更高的要求，目的是进一步拉动教学改革。评估专家在深入课堂听课时，欣喜地发现很多教师正在努力地按照新标准要求自己，尤其是在“三创”能力培养、个性化教育、启发式教学、师生互动、生生互动、双语教学、使用现代化教育技术手段等方面，确实付出了巨大的努力，有了明显的起色，取得了可喜的成果。

当然，还有少数教师至今未能达标，对他们要耐心等待，热情帮助，使他们增强改革创新意识，用新的教育理念指导自己的教学实践，要求所有教师都同步到位，那是不现实的。

二、提高了教学质量

教学质量评估的对象是教师，其主要任务是促进教学质量的提高。校评估专家和院（部）督导员所起的主要作用在于：一是督导检查，即通过听课检查了解教学情况，掌握必要的教学信息；二是鉴定评价，也就是以事实为依据，按照评教标准，对教学质量进行评估，并给出必要的结论；三是导向激励，即在肯定教师授课优点的同时，指出其存在的不足，提出整改的方向和措施。在这个过程中，对教学质量较差的教师，难免要进行善意的批评，但应以帮助为主，激励其努力提高教学质量的信心。校评估专家和院（部）督导员所进行的这三方面工作，是相互联系、缺一不可的。没有第一个阶段的“督导检查”，第二个阶段的“鉴定评价”就是无源之水、无本之木。而没有第二个阶段的“鉴定评估”，第三个阶段的“导向激励”就无从谈起。

教学质量评估强化了教学质量意识、改革意识和创新意识。校评估专家和院（部）督导员经常地随机听课，对广大教师来说，形成了一种无形的压力，由压力转化为积极的动力，从而自觉地加大对教学的投入。同时,由于教学质量评估不是暗箱操作,而是将评估指标体系下发到所有教师手中,很多教师都自觉地按照指标体系严格要求自己,规范自己的教学活动。开展教学质量评估以来,许多教师在教学上的投入力度加大了,备课更加认真了,教学质量有了明显提高。不少教师克服各种困难,在双语教学和使用多媒体教学手段方面,进行了艰苦的尝试,付出了巨大的劳动。有的教师为了提高教学质量,课前在家里对照镜子试讲,或让家人听课,其情、其景令人感动。十分明显,教学质量评估促进了教学质量的提高。教育部专家组2001年底来我校评估时,随机听了几十位教师的课,均给予了很高的评价。教学质量评估开展六年来,我校教学质量等级呈现出上升趋势,A级教师的比重增大,C级教师的比例明显减少。学生对教学质量满意度也有所提高。学校领导在不少场合,一再肯定教学质量评估所发挥的作用,对教学质量评估专家的辛勤劳动表示感谢。就连一些离退休老教师也反映,“教学质量的提高,评估专家功不可没”。

三、促进了师资队伍建设

加强师资队伍建设是提高教学质量和人才培养质量的根本保证,尤其是在年轻教师不断增多的情况下,加强师资队伍建设就显得更加重要和迫切。师资队伍建设的目的是全面提高教师的综合素质。当然,教师队伍素质的提高有多种途径,如办培训班、引进人才、外出进修等,但教学质量评估对促进师资队伍建设所起的作用确实不可低估。

一是促进了师资队伍教育观念的更新,因为在教学质量评估标准中体现了新的教育理念,如果教师的教育观念不更新,墨守成规,那就不可能达到教学质量评估标准的要求。

二是促进了教师业务素质的提高,因为教师要达到教学质量评估标准,教学内容就要有深度与广度,要保持教学内容的先进性、前沿性、严密的逻辑性和语言表达的生动性等,教师不努力提高自身的业务素质,是难以达标的。

三是促进了教师“三创”意识和能力的提高。由于教学质量评估标准要求运用多种方法，进行生动活泼的启发式教学，运用现代化教学手段，使教学更具直观性、形象性、趣味性，如果教师不发挥主观能动性，是难以达到上述要求的。

四是促进了师资队伍师德师风建设，从而带动了学风与校风建设。师资队伍、师德师风对学生起着潜移默化的作用。许多学生把老师称之为“文明的传播者”、“灵魂的工程师”、“学习的榜样”，就是师德师风所起作用的生动证明。学生和教师是学校的主体，良好的学风与教风，必然形成良好的校风，进而提升学校的形象和品位。

五是加强了师资队伍建设的宏观调控。因为教学质量评估过程中获得的与其有关的大量信息，有利于学校对师资队伍建设从宏观上做出正确的决策，制定必要的计划，采取切实可行的措施。师资队伍建设是学校的全局性工作，需要方方面面的协调配合，需要所有院（部）与职能部门共同努力，营造师资队伍建设的良好环境，如果没有学校的宏观调控是难以做到的。师资队伍建设是一项艰巨而又复杂的任务，一方面要提高现有师资队伍的素质；另一方面又要千方百计引进高层次人才和补充年轻教师。补充年轻教师，充实师资队伍，是学校可持续发展的必要条件。必须采取既积极又慎重的态度，不能只求数量，更要重视质量。我校在补充新教师时，都要进行试讲，由校评估专家重点考核评定，排除一切干扰，严格把关，采取一票否决制，这就使新补充教师的质量有了可靠保证。年轻教师任教一年后，对他们还要进行考核，合格者上岗教学，不合.格者继续培训。由于加强了宏观调控，采取了各种有力措施，师资队伍建设取得了显著进展，不仅扩充了数量，而且质量也有所提高。目前我校已形成了一支富有生机和活力的高水平、高素质的师资队伍。

第三章　高校课堂教学质量评价的影响因素与优化策略

第一节　高校课堂教学质量评价存在的问题

一、评价目的缺乏发展性

(一)评价目的重管理轻提高

开展课堂教学质量评价的目的是为了了解教师在教学过程中存在的问题与不足之处,及时督促教师进行改进与完善。但是,在实际实施评价的过程中,多数高校的教学管理部门往往将评价结果与教师的职称、晋升、评奖评优相挂钩,使教学质量评价变成了对教师教学能力高低的判断,通过考核来诊断教师的教学能力、教学目标与教学过程,进而管理教师队伍,忽视了评价对教学质量的改进、学生学习效果的促进作用,与开展评价的初衷相背离。在这种评价思想的指导下,很难通过评价来改进和提升教师的工作,无法达到教学相长的目的。

(二)评价目的重结果轻过程

高校的教学管理部门认为学生作为课堂教学的直接接受者,了解教师的教学内容及教学过程,其评价结果也更加客观、真实,更具有代表性与说服力,则将其作为衡量教师教学能力的重要指标,只注重学生最后对教师的评价结果,不关心在教学过程中学生认知能力与情感领域等方面的变化。它只关注在一个学期阶段末学生对教师整体教学质量的评价,对于学生的学习行为、学习能力与学习态度等方面的变化则不予关注。

再加上这些变化的可操作性较弱，无法采用量化的方式进行计算，测量的难度较大，学校管理者也很少将其纳入评价指标体系中。在这种评价目的的影响下，课堂教学质量评价很难提高教师的教学质量与水平，更谈不上改善学生的学习效果与学校的整体教学质量。

二、评价体系缺乏科学性

（一）指标内容设计不合理

从指标的建构上看，国内高校一般由教学管理部门组织教育专家或相关教师，他们根据自身的专业经验，并借鉴发达国家的评价指标进行制定，很少会有教师、学生等主体参与指标的设计与制定，如上海某师范学院评价教师教学的任务主要是由学校教务处的评建办公室负责实施的，其评价标准、操作流程和规范也是由教务处制定①。教务管理人员出于学校整体发展的目的考虑，过于强调对教师课堂教学过程行为的评价，忽视对学生学习情况的评价。其次，指标内容的可测性和操作性不强，过于笼统与抽象，容易造成学生在评价过程中的认知偏差，如“表达清晰、逻辑性强”、“讲课内容充实”、“具有责任感”等表述，虽然这些词高度概括了教师的品质，却模棱两可，不能使学生客观地对教学进行评价。

（二）指标体系更新不及时

国内多数高校的评价指标体系多年不变，即便更新，也只是在原有基础上稍加改动，未能结合具体的时代背景与学校实际发展情况，不断地调整与更新，如四川某大学整个评价指标体系从开始使用至今没有进行比较彻底地更新，偶尔的变化都是某一级指标下具体内容的修正和完善②。随着知识经济与科学技术的不断发展，社会对人才的需求也更加多样化，高校在此背景下也不断调整专业与课程设置，其课程体系、课程内容与教

① 周景人．中美高校教师教学评价的比较研究——以上海师范大学与加州州立大学北岭分校为例[D]．上海师范大学，2014．

② 杨静怡．地方高校教师教学质量评价体系研究[D]．四川师范大学，2018．

学目标等也会相应有所改变，这就需要学校及时更新指标体系。如果继续使用传统的指标体系，会使评价结果缺乏可信度与真实性，进而挫伤教师的教学积极性与学生参与评价的热情。

(三)指标内容缺乏针对性

高校多采用统一的指标体系对不同的学科专业进行评价，很少有学校根据学科专业制定不同的评价体系，忽视了专业与学科的特色，缺乏学科针对性。我们应该认识到不同的专业与学科对课程目标、教师的教学风格、教学方式等有不同的要求，例如有的课程强调实用性，对学生动手能力和操作能力有较高的要求；而有的课程则注重理论性，对学生思维能力有较高的要求。因此，使用统一的指标体系来衡量不同学科领域的课堂教学质量，是不科学、不合理的。另一方面，有的院校甚至照搬一些重点高校的评价指标体系，没有依据自己院校的教学理念、专业设置、培养目标等，制定符合本校发展的指标体系。

三、评价主体参与度不够

在我国高校中，参与课堂教学评价的主体主要包括学校管理人员、教学督导、同行、学生及教师本人等主体。但在实施评价活动的过程中，各主体权重划分不合理，主要是以学生为主体进行教学评价，从而造成其他评价主体无法在最大程度上发挥作用；此外，也会由于评价主体自身的原因而产生评价误差。

(一)学校管理人员

学校管理人员主要包括学校领导、教务管理人员与教学主管人员等。由于部分教学管理人员缺少从事一线教学工作经验，对教学理念、教学组织方式及教学手段等不太了解，在评价课堂教学质量的过程中，可能仅凭第一印象进行评价打分。再加上高校各学科划分精细，管理人员不可能对每个学科领域都了如指掌，会采用突袭、随机听课等的方式进入课堂，不能深入课堂教学情况进行评价，同时也给教师造成了较大的心理压力，影响正常的教学秩序。另外，教学管理人员会站在学校整体发展的角度上来评价与管理教学质量，带有明显的行政化色彩。这些因素都会给教学质量评价的真实性与准确性带来影响。

(二)教学督导

教学督导一般是由学校离退休教师、具有高级职称的教师和校外专家所构成的队伍，年龄结构偏于老化。虽然他们有着丰富的教学经验，但是随着时代的不断发展，新的教学理念与思想也在不断涌现，部分退休教师的教学观念仍停留在自己过去的一些经验层面上，必然会与青年教师存在一定差异，用这种不合时代发展的教育思想指导教学工作，自然会引起一些教师的反感，无法客观地反映被评教师的实际教学情况[①]。另一方面，反馈信息具有滞后性、笼统性与模糊性。教学督导一般是在听课结束之后，与任课教师进行短时间的沟通交流，之后就没有持续跟进的指导与反馈，无法有效地帮助教师改进教学过程中的不足之处。

(三)同行教师

术业有专攻，每位教师都有自己研究的专业领域，在没有充分了解被评教师专业的前提下，仅凭一节或几节课给被评教师进行评价打分，会带有其浓厚的主观色彩，无法客观真实地反映教师的教学水平。其次，教师之间因为存在人情、利益等因素的纠葛，在评价其课堂教学情况的过程中，容易受较多的非教学因素的干扰，存在着“做样子”“走形式”的不良现象，导致最后每位教师的得分都差不多。

(四)学生

学生作为评价主体的重要组成部分，在评价中扮演着相当重要的角色。但是，由于多数学校在开展评价活动前，对评价工作的目的、方式及重要性等宣传不到位，因而多数学生对课堂教学质量评价的认识不足，往往凭着个人喜好、主观印象，随意地进行评价，甚至还会出现代人评教、报复性评教等不良现象，最终导致教学质量评价结果的可信度与准确性偏低，无法真实地反映教师的课堂教学情况，也会严重打击教师的教学积

---

① 宣学新.高校教学督导存在的问题及对策研究[D]，吉林大学，2015.

极性。

(五)教师自评

自评的过程会受到各种因素的影响,出现过低、过高和敷衍的自我评价等问题。教师自我评价时会以周围的人、事为参考标准来衡量自己,害怕自己对自我的评价高于外界对自己的评价,影响自己的形象,因而会过低地评价自己;而有的教师为了晋升、荣誉、奖励等,带着功利性的目的去评价自己,往往会脱离实际教学情况去夸大自己;还有部分教师以敷衍的态度去应付,没有对自身的教学情况进行深入的分析,随意地对自己进行评价。

四、评价过程缺乏规范性

评价活动的规范性会直接影响到评价结果的有效性。目前我国多数高校都已开展了课堂教学质量评价活动,但是对评价活动的宣传力度不够大。大部分高校在开展评价活动前,只是通过网上通知、纸质公告等形式,仅仅告知学生开展评价的时间、地点等,很少就评价的目的、意义、具体操作等内容对参评学生进行培训与指导。这就会造成学生对评价活动的认识不够到位,认为评价活动与自己无关,以一种随意、懈怠的态度参与评价活动,最终影响评价结果的客观性与真实性。其次,高校也很少采取激励措施,如发放小奖品、抽奖等形式,鼓励学生积极主动地参与评价。相反,大多数高校则通常采用强制性的方式让学生参与评价,将学生参与评价和查看成绩、选课等相挂钩,如果学生不参与评价,则不能查看学期末成绩或是进行下一学期的选课,导致学生会产生抵触、厌烦的情绪。最后,在评价过程中,多数高校采用网上填写问卷,使学生具有很大的自主性,会产生恶意评价或无效评价等现象。而有的高校则会采用纸质形式的评价方式,由任课教师发放、收集评价问卷,尽管是匿名填写,但还是会给学生造成一定的心理负担,怕教师识别出自己的问卷并对其进行报复等,不敢表达自己的真实感受,从而影响评价结果的真实性。

五、评价结果反馈不够及时与透明

国内多数高校的课堂教学质量评价一般是在学期末开展，学生通过评教系统对教师进行评价。之后，教务管理人员会对评价结果进行整理分析，在学期结束前，或第二学期开始，会将评价结果告知各评价主体。此时，教师已经结束了本学期教学任务，不能及时地对教学过程中存在的问题，有针对性地进行改善与调整，无法将反馈结果作为教师改进教学质量、提高学生学习水平的依据，使反馈流于形式，没有发挥到实质性作用。其次，反馈结果往往是以量化的形式呈现，将教学活动简化为一堆表格、排名和分数，矮化了教师教学学术[①]，未能真正反映教师的教学水平。教师也很难通过一堆数字获取有价值的信息，无法了解教学过程中存在的具体问题与不足之处，难以做出有针对性地调整。此外，有的高校的评价结果只对学校领导、管理者与教师公布，学生作为评价主体是无权获知评价结果的，无法了解自己的反馈意见是否得到了利用、教学过程是否进行了调整与改善；同时对评价处理方式、评价结果利用等都不了解。这在一定程度上极大地削弱了学生的评教积极性，他们会认为评教活动只是走个形式，没有实质性的作用；在后续的评价活动中，也不会积极地参与进去，难以发挥评价的导向、诊断、激励作用。

第二节　高校课堂教学质量评价影响因素分析

在进行课堂教学质量评价的过程中，其真实性与客观性会受到各方因素的影响，国内学者对影响课堂教学质量评价的因素进行了专门研究。由于课堂教学质量评价是围绕着教师、学生、课程及管理展开的活动，主要是受到这四个因素的制约。因此在开展课堂教学质量评价时，应注意它们对评价结果的影响，在最大程度上保证结果的真实性与客观性。

---

① 杨卫东，张征．探索回归本真的高校教师教学评价［J］．教育研究，2016，37(12)：130－132．

一、教师因素

课堂是教师的主阵地，教师在课堂教学过程中发挥着主导作用。这要求教师需要创造良好的学习氛围去引导学生学习、接受新知识，并对一些问题进行解释与回答。在这个过程，教师自身的特征（如性格特征、教学环节及年龄等）会对学生的感受性与理解性产生影响，进而在课堂教学评价中会影响评价的结果。

（一）教师的性格特征

教学不仅仅是一个传播知识的过程，在这个过程中，教师也会相应地投入自己的情感。教师在给学生传递知识的过程中，其传递方式会对学生的接受能力产生着重要的影响。通过调查研究，学生更欣赏那些充满活力、热情、开朗、知识渊博的教师，这类教师的课堂教学氛围比较积极，能带动学生的学习激情、学生参与度较高、能激发学习思维等，学生也会倾向于投入更多的学习时间、热情等，从而达到教学相长的课堂效果。而那些死气沉沉的课堂氛围，教师过于注重教学的效率与速度，投入较少的个人情感，会更易遭到学生的排斥，从而导致学生的课堂参与度较低、学习时间投入少及学习效果不佳等现象的发生，在很大程度上也会影响课堂教学评价分数。

（二）教师的教学环节

教师在完成课堂目标的过程中，采用各种方式对教学环节进行设计，如有的教师在教学过程中会增加一些趣味游戏、借用教学道具等，增加教学的趣味性、活跃课堂氛围，提高学生的参与度，也在一定程度上提高学生的学习兴趣。但是，由于学校对教学目标的设定，多数教师往往会为了完成教学目标，其教学内容也多是围绕教学目标展开的，很大程度上限制了教学的丰富性与多样性，致使学生会对教学产生乏味与厌倦的感受，降低了学生学习的满意程度，从而影响他们对课堂教学的评价结果。

（三）教师的教学效率

教师教学效率的水平主要指，在课堂时间内学生掌握知识的程度、能力的培养，以及知识的增加程度。同时，教师的教学效率也直接影响着学生对其课堂教学质量的评价。例如，当教学内容的难度较大时，教师会要求学生投入更多的精力，增加课程环节的设置。相比之下，这就需要学生投入更多的时间与精力，会使学生产生学业压力，难以给教师较高的评价分数。而那些善于营造轻松、愉快的课堂氛围的教师，学生在这种氛围下，会觉得课业负担与压力较小，这类教师通常会很受学生的喜爱与欢迎，学生也会给这类教师打较高的评价分数。

(四)教师的年龄

教师在完成特定教学目标的过程中，其年龄不可避免地对教学效果与学生的学习过程产生影响。年龄较大的教师，由于阅历及教学经验比较丰富，能够洞察学生的学习情况与心理状态，并及时与学生进行沟通，了解他们的学习需求与诉求，采取适宜的措施进行应对，从而赢得学生的尊重与喜爱。而年轻教师资历尚浅，对各种教学状况或突发情况不够了解，再加上家庭情况不太稳定(如婚姻、子女等)，可能无法全身心地投入教学之中。这就导致学生对不同年龄段教师的评价有所差异。国内有的学者也通过抽样调查与实证分析的方法，证实教师年龄与评价分数之间是正相关的关系，随着教师年龄的递增，评价分数也显著提高[①]。这要求年轻教师向经验丰富的教师学习，并定期与学生就关于学习、生活等方面进行沟通与交流，不断增加教学经验。

二、学生因素

学生作为课堂教学的直接接受者，最直观地感受、体验教师的教学过程，关于教师的教学质量与水平也最具有发言权，能够简单明了地指出任课教师在教学过程中的优点与不足。但是在评价过程中，学生也会由于受到主观因素与客观因素的影响，出现随意评价、恶意评价等现象。这些

① 戴璨，苗璐，朱恒.非教学因素对高校课堂效果的影响及其启示[J].高等教育研究，2017，38(5)：72－80.

因素主要包括：

(一)学生的学习动机

学生对不同课程会有不同的学习动机，产生的学习效果也是各不相同。学习动机一般分为内部动机与外部动机，内部动机认为学习结果与学习者自身有很大关联，而认为学习结果与运气、他人相联系的为外部动机。近年来有关学生学习动机方面的研究表明，在其他条件相同的情况下，具有内部动机的学生比具有外部动机的学生更加积极、客观地对教师进行评价。内在动机占主导的学生往往能够保持积极的学习状态、认真听讲、经常与教师交流、沟通，在评教时往往会倾向于给教师打较高评分。而外部动机占主导的学生容易将学习效果的好坏与外在因素联系在一起。当学习效果好的时候，会认为是由于运气、教师水平高等原因，给教师打较高的评分；而当学习效果不好的时候，会归因于教师的教学能力、水平等，给教师较低的评分。

(二)学生的评价态度

在当前高校的课堂教学评价中，很多学生没有清楚理解教学评价对学习效果、教学质量以及学校整体教学水平具有什么样的作用，导致学生会以一种主观随意的态度来对待评价。再加上多数学校往往将评价与学生选课、查看成绩等相挂钩，采取强制性的方式让学生进行评价，使学生产生抵触心理；有的学生则根据自己心情的好坏来进行评价；有的学生会依据与教师关系的亲密度来进行评价；因此会出现评价内容随意、主观因素强等不良现象，这些因素严重影响了课堂评价结果的真实性、客观性与公正性。

三、课程因素

课堂教学质量评价是以某一课程为载体对教师的教学过程进行评价，然而课程本身的诸多因素对评价结果起着重要的影响作用。与课程相关的因素主要有课程类型、班级规模及课程投资三方面。

(一)课程类型

依照实施要求划分,课程分为必修课与选修课两大类。由于必修课占课程总学时的比重较大,学生与教师有更多的时间相处、交流,对教师的教学风格与方法比较了解,能够不断调整学习状态,更好地适应教师的教学模式,学习效率与学习效果也相对比较高。选修课由于学时比重较小,再加上不是专业课的原因,学生亦不会投入较多的时间与精力,取得学习效果往往也不是特别好;甚至有的学生只去上过一次课或几次课,往往仅凭第一印象对教师的教学质量进行打分,影响评价结果的准确性。按照学科类型可以划分为人文学科、社会学科、自然学科三大类,社会学科与自然学科的学科知识较为复杂、授课难度较难,学习难度也较大,可能会造成学生学业负担较重,进而产生厌烦等情绪,影响评价结果。

(二)课程规模

课程规模是相对于学生人数而设定的,学生较少的班级能与教师进行深层次的对话、交流;教师也可以根据学生的反馈及时调整教学进度与内容,最大程度上保证学生的学习效果。而人数较多的班级,教师不易把控教学进度,难以了解学生的知识接受程度、学习状态、是否适应教师的教学风格等,与学生之间存在一定的距离感。国外学者费尔德曼(Feldman)通过研究调查得出班级规模与评教分数呈U型关系,即班级人数在50—100人之间得分最低,在小于50人或大于100人时得分最高[①]。一般情况,学生评价的成绩随课堂人数的上升而下降,课程规模越小,学生评分越高,这与学生能否与教师有相对频繁的交流有直接的关系。

(三)课程投资

课程投资主要包括时间、精力、金钱、人际关系等方面的投资。当一门课程需要学生投入很多的精力与时间,或者需要学生承担较多的课外

---

① Feldman K N. The Relationship Between Students,Teachers and Courses Characteristics and Student Ratings of Teacher Effectiveness[J]. Research in Higher Education,1984,(21):45－116.

作业、与更多的人产生交往，会给学生带来较大的身体与心理负担时，学生通常会产生懈怠、厌倦等负面情绪，使得他们不再积极参与到课堂教学的过程中，不再积极地与教师进行互动、交流，逐渐地对这门课程失去学习热情，进而影响到他们的学习效果，并对课堂评价产生不良的影响。而那些相对轻松、学业压力小的课程，学生会比较喜欢这类课程，对其课堂教学的评价也会相对较高。

四、管理因素

如何保障课堂教学评价的客观性与科学性？在一定程度上受到学校管理方面的影响。学校管理主要是对评价目的、评价过程与评价结果进行协调与把控，以保障评价工作的有序开展。当前影响高校课堂教学质量评价相关的管理因素主要包括评价目的、匿名评价两类。

（一）评价目的

在以学生评教为主的背景下，存在着分数膨胀的现象，即教师有意通过提高学生的学业成绩来“购买”评教分数，造成了学生成绩与评教分数的双重膨胀。学生为了获取较高分数，则对教师的教学效果进行谎报，而教师会意识到学生期望的考试得分与评教的分数有关，进而会故意“考试防水”[①]。这严重影响了评价工作的实施，从而难以实现利用评价结果去改善教学质量的初衷。总而言之，造成这种现象的深层原因，是一所学校的评价目的到底是以促进教师的专业发展为主，抑或是以管理、晋升、职称评定为主。因此，高校在开展课堂教学质量评价时，应充分考虑其评价目的的价值走向。

（二）匿名评价

匿名评价是高校出于积极的意图而设置的，是为了让学生能够充分表达自己对于教学方面的意见，并且不用担心受到任课教师们的报复。

---

① 林光彬，张苏，樊彬彬．大学生评价教学质量的逻辑—来自调查研究的证据[J]．教育研究，2012，(10)：93－98．

但是这也产生了潜在的问题，使得学生对自己的评价不负责任，会出现对评教持有不认真的态度、草草了事、应付教师的状况，甚至会出现学生对自己不喜欢的教师进行恶意评价的现象，同时也消除了学校跟踪结果的能力，难以对学生起到约束作用。这也容易造成评价结果的不客观，无法真正衡量教师的教学质量，以及学生的学习情况。

第三节　高校课堂教学质量评价的优化策略

通过研究分析在一流本科教育背景下，我国高校课堂教学质量评价的现状、存在的问题与影响因素，以及国外一流高校课堂教学质量评价的概况，从评价目的、指标体系、评价主体、评价过程、评价反馈等几方面提出了完善教学质量评价体系的建议与对策。

一、树立正确的课堂教学质量评价观

评价目的对课堂教学质量评价工作起着指导性的作用，科学合理的评价目的能够推动评价工作的顺利开展。要实现评价目的，首先要树立正确的评价观，确立以促进教师专业发展的教学评价观念，在此基础上，要不断丰富评价内容。

(一)明确课堂教学质量评价的目的

破除唯分数、唯升学、唯文凭、唯论文、唯帽子“五唯”现象，扭转不科学的评价观，树立科学的评价观念，是当前各高校的首要工作。要明确开展课堂教学质量评价的目的是提高教师的专业能力与教学质量，推动教师队伍整体素质的提高，改善学生的学习效果以及推动学校整体教学水平的发展。其重点不是通过评价来衡量教师的教学能力的高低，而是诊断教师教学过程中存在的不足，从而帮助教师及时改进与完善。例如，奥克兰大学是以提高教师的教学水平为目的，通过评价结果使教师有针对性地改进教学方案，帮助教师反思教学过程。我国高校也应树立以促进教师专业发展为主导的评价目的，淡化奖惩性的评价理念，确立科学合理

的评价目的，有利于推动师生、同行等之间进行有效的教学交流；有利于教师有计划地、有目的地改善教学工作；有利于学校提高整体的教学水平与教学质量。

（二）丰富课堂教学质量评价的内容

随着新课程改革的深入推进，课堂教学应体现以促进学生全面发展为宗旨的教学目标[①]。尽管传统的课堂教学评价内容有值得借鉴的地方，但是过于强调教师的“教”，忽视了学生的“学”，应在其基础上进一步完善与改进，重点强调教学内容的前瞻性与创新性、师生之间的互动、学生的学习状态等。如昆士兰大学的课堂教学质量评价内容包含了课堂状况、课堂教学的组织设计、教师与学生的互动以及对学生的学习效果等四个维度，全方位地对教学过程的各要素进行评价。以此为鉴，我国高校在设置评价内容时，应具体注意以下几方面的内容：其一，教学内容是否具有前沿性、科学性的内容，是否对学生思维能力的发展具有促进作用，是否能够培养他们的创新精神与创新能力。其二，教师与学生之间是否进行了互动，效果如何？教师是否为学生的学习提供了帮助与指导。最后，学生在课堂上的学习效果如何？教师是否提供课后辅导等。通过丰富教学评价内容，有针对性地改善教学内容与质量，提高学生的学习效果，使评价目的落到实处。

二、制定科学合理的评价指标

评价指标是实施课堂教学质量评价的依据与工具，是整个评价工作的核心内容，因此建立科学合理的指标体系是至关重要的。在设计制定指标体系时，要联系课堂教学的实际情况，考虑多方面的影响因素，尽可能展现课堂教学的整个流程，不仅强调教师的教学行为，也关注学生在课堂上的学习行为与表现，同时也应体现学科差异性，并根据学校实际发展

① 钱存阳，林维业，曹魁.课堂教学质量评价指标体系的探讨[J].高等教育研究报，2003，(26)：42－44.

及时更新指标体系。

(一)鼓励多主体参与制定指标

学校发展规划是学校发展的总设计、总方案,要充分发挥广大教职员工的积极性和主动性①,而评价质量体系作为高校发展规划的重要组成部分,也需要多主体参与制定。因此,高校在制定指标体系时要引入多主体参与,由专家、教师、学生、毕业生及用人单位等多方共同制定,尤其要听取教师与学生的意见,因为这直接涉及他们权益与利益,不再仅仅由教务部门单独制定。教师参与指标制定,能了解评价的参照标准与重要性,推动评价工作的积极开展。例如,昆士兰、奥克兰大学的教师添加评价指标,获取自己想要了解的内容。学生参与指标的制定与设计,能够使学生对评价工作有一定的认识与了解,提高学生参与评价的积极性。用人单位参与指标制定,能够从社会发展与学生能力的角度来添加一些内容,使学校能够了解市场需求,从而能够有针对性地改变专业发展策略、调整人才培养方案及课程建设等,提高专业的市场适应力。毕业生能够根据自身的学习经验与工作经历为参照,对指标体系的制定能够提出具有建设性地建议,进而帮助教师改善教学质量,提高学生的学习效果。

(二)确保指标体系的动态化

随着时代变化,社会对人才的需求也在不断变化。高校的人才培养方案、专业设置、课程结构、教学目标等也随之发生转变,不能长期使用老一套指标体系来评价教师的课堂教学质量。当社会对某一学科有了新的需求时,其教学内容、教学方法与形式就相应地会发生改变,要及时根据其改变调整评价指标。因此,高校应以学校定位与发展特色为基础,结合时代需求、专业特点、课程内容、教学目标以及教师客观差异性,不断调整与修订指标体系与内容,使其能够更真实地反映课堂教学质量。

(三)注意指标的学科差异性

高等院校以培养各类专业人才为目标,具有专业性与学科性的特点。

① 李宜江.以高质量发展规划引领地方高校高质量发展[J].宁波大学学报(教育科学版),2020,42(03):80-87.

不同的学科有不同的教学目标与课程内容，教师相应地会采取不同的教学方法与手段。如果使用统一的指标体系来评价教师的课堂教学质量，会影响其评价结果的真实性与公正性。因此，高校应根据专业特点，将部分标准制定的参与权适当的下放到各学院，让各学院可以在学校统一制定的评价标准中针对本学院教学、专业特点进行评价标准具体内容地增减、修改和完善，以适应本学院内教师专业能力和教学发展途径①。

三、引入多元化的评价主体

课堂教学质量评价需要通过多方主体来进行，包括学生、同行、督导、学校领导以及教师本人等，但由于学生作为教师教学的直接参与者，在评价教师教学质量方面更具有话语权，再加上学生评教所占权重比较大，容易导致出现分数膨胀、弄虚作假等不良现象，影响评价结果性与真实性。为了保障评价过程的公平公正，通过构建师生互评的评价机制，以及引入外部主体参与评价等方法，避免不必要的评价误差。

(一)构建以师生互评为主的评价模式

教学是教育目的的指导下，教师的教与学生的学共同组成的双边活动，因此评价一节课质量的高低不仅是通过学生对教师的教学质量体现出来的，也需要教师对学生的课堂学习表现进行判断，构建以师生互评为主的评价模式，对高校提高课堂教学质量具有重要的意义。师生互评的核心是唤起心与心的交流与共鸣，构建民主平等的师生关系、激发师生共同追求发展目标，促进师生共同提高与进步②。首先，明确评价的目的，是为了促进课堂教学质量的提高，改进教师的教学手段、内容以及学生的学习效果，而不是为了奖惩或评比。其次，由学校教育管理部门设计涵盖教师与学生两类主体的评价问卷。其中一类问卷包含了教师在整个学期的教学情况，如教学内容、方法、效果等方面，该问卷由学生进行填写；另

① 李承.高校课堂教学质量评价研究[D].内蒙古大学，2018.

② 杜文平.师生互评的运行机制、策略和特点[J].教学与管理，2016，(13)：13－16.

一类问卷包含了学生整个学期的学习情况，如课堂纪律、学习态度、效果等方面，该问卷由任课教师进行填写；最后，由教学管理部门对评价结果进行汇总与分析，针对存在的问题，应告知相关教师与学生，对他们提出可行性建议，并实行跟踪管理，保证相关问题得到改善，使评价结果更具有针对性与可操作性。

(二)纳入外部主体参与评价

目前大部分高校的课堂教学质量评价的主体多局限于学校内部，社会参与程度比较低，导致其行政色彩比较浓厚。因此，高校应立足于自身的实际发展，引入外部主体参与评价，使评价结果更加客观与真实。高校可引入以下几类外部主体：第一，用人单位与企业等教学活动的利益相关者。通过他们对教学过程提出的意见与建议，可以使教师更了解用人单位对学生能力的要求，便于教师有针对性地作出调整，提高课堂教学质量，满足区域社会发展对人才培养不断变化的要求[①]。第二，向社会评价机构购买课堂教学质量评价服务。这些机构大部分具备先进的现代科学信息技术与评价方法，能够提供相对准确、全面的评价报告；同时他们与教师没有利益、人情等方面的纠葛，能够更客观地对课堂教学进行评价，避免造成不必要的评价误差。第三，引入外部知名专家参与课堂教学评价。专家对评价流程有着比较丰富的实践经验，并且具有丰富教学经验，能够从专业角度对课堂教学进行评价，具有一定权威性与专业性。

四、形成规范化的评价过程

评价过程的规范性是获得有效评价结果的重要保障，而评价过程是否合理、规范取决于评价主体的评价理念，以及评价过程中的具体操作技术是否合理。正确科学的评价理念能引导评价主体客观、真实地进行评价。这就要求学校在开展评价活动之前应就评价工作的具体内容进行宣

---

① 赵彩丽.应用型本科课堂教学质量评价现状与对策研究[D].河北师范大学，2020.

传，动员评价主体积极参与课堂教学质量评价，并对操作技术进行合理安排。

（一）加大对评价活动的宣传

在高校，参与课堂教学质量评价的主体分为学生与教师两大类，其中教师主体包括教学管理人员、督导、同行及教师本人等。由于面对评价主体的不同，学校应采用不同方式对其进行宣传指导。一方面，学生作为课堂教学质量评价的主体，其评价对促进教学发展起着关键作用。因此高校在开展评价活动前，可利用电子邮件、讲座、班会等形式，对评价活动的意义、作用进行宣讲，解释有关评价准则、指标体系、重要性等相关内容，可以对学生提供必要的指导与培训，使他们对评价工作有较为清晰的认识，提高其积极性与参与性。此外，任课教师可通过教学视频、宣传视频、PPT、海报、社交媒体等形式讲解评价工作，让学生了解评价过程、评价功能以及如何填写具有建设性的反馈等。另一方面，高校应采取各种措施向教师讲解开展评价工作的重要性，让任课教师充分认识到评价的重要性，积极参与到评价工作中。通过评价能够了解教师在教学过程中存在的问题，提高教学质量与水平；教师也要认真对待学生提出的意见，并能虚心接受并加以改进。奥克兰大学从学校、学院、教师三个层面出发，大力宣传评价工作及相关细节，保障各主体明确评价过程并积极参与其中。

（二）加强对评价过程的动态化管理

目前高校多采用学期期末的网上终结性评价和随机课堂听课的两种形式，使各主体发表评价意见的渠道受到了限制。因此高校应采用灵活多样的评价方式，如学生座谈会、教师研讨会、学期中评价、教师自制问卷调查等形式，让各主体能充分发表教学意见。例如，昆士兰大学在开展评价活动前，会利用座谈会、海报、班会等形式，就评价目的、意义以相关注意事项对学生进行宣传与指导，并提醒学生参与评教，留出足够的时间让学生进行评价。在实施的过程中，为了得到更加真实的评价结果，高校应制定评价纪律，如评价应采用匿名的方式；在组织学生评教时，任课教师应回避，避免给学生造成心理负担；任课教师不得以任何手段干扰学生或其他主体进行评价等，保证评价结果的真实性与有效性。在评价结束之后，管理人员应利用现代信息处理技术对评价结果进行分析与整理，提高评价结果的可信度。同时在公布结果前，不得向其他人员透露相关信息，更不得擅自更改评价信息与结果，公正、客观地对待每一位教师。

五、健全评价结果的反馈机制

评价结果反馈是课堂教学质量评价体系中重要的环节，反馈结果是否及时有效、是否得到了充分利用，直接对整个评价工作起到重要影响。因此，需要健全评价结果反馈机制，使评价工作发挥出最大的作用。

（一）形成及时透明的反馈制度

目前高校的课堂教学质量评价结果一般是在学期末公布，具有滞后性的特点。建立及时透明的反馈制度是完善课堂教学质量评价体系的必然选择。对于结果的反馈，学校可根据评价主体的不同，制定相对应的反馈形式。对于教学管理者和教学督导，在每次听完课之后，可将评价意见与改进建议当场反馈给教师，教师可及时了解自身教学的优缺点，及时对教学进行调整与改进。对于同行评价，除了课堂听课之外，学院可定期组织座谈会、交流会等，让教师之间进行分享、沟通，能够了解学习新的教学经验与教学方法。例如，奥克兰大学为了让教师能够定时诊断学生的学习状况，采用形成性评价、总结性评价等多种评价形式，确保教师对教学做出改进。对于学生的评价，教师可在班级里设置课堂反馈表，学生在每节课之后就学习情况进行反馈；或是各个单元结束后，教师可自行设置小问题，在课后发放给学生填写，及时了解学生们对课堂教学的看法与建议。在学期末时，教学管理人员应对课堂教学质量评价的最终结果进行总结，并以报告的形式发布在学校官方网站上，让全校人员浏览查看，不再把学生排除在外。

（二）有效地利用评价结果

评价结果的利用方式会对教师的教学工作产生重要的影响，同时也会影响后续评价工作的开展。将评价结果与教师的晋升、评奖评优等相挂钩，并不是开展评价工作的真正目的。其真正目的应是利用评价结果，有效地提高教师的教学质量、学生的学习效果以及学校整体的教学质量。以达到“以评促教”“以评促改”的效果。教学管理者在发布评价结果时，不应是一堆数字或排名等级，而应采用评价报告的形式，将学校管理者、督导、同行、学生教学提出的建议纳入其中，教师也能够有针对性地改进教学工作。对于评价分数较高的教师，学校管理者可通过开座谈会、讲座等形式，组织他们与其他教师进行交流，分享自己的经验与做法，能够有效帮助其他教师改进教学；同时也能够激励评分较高的教师继续保持教学热情与积极性。对于评分较低的教师，学校可组织教学管理人员对其评价结果进行分析与研究，并结合教师自身的实际教学情况，提出调整教学内容、教学手段以及教学组织形式的具体方案，帮助他们有效地改进教学；同时学校也要进行及时的跟踪、督导，保障评价工作能够发挥出最大的作用。

第四章 高校教育质量评价体系

第一节 高校教育质量评价体系的理论提升

一、质量评价、质量保障与质量管理

质量评价以质量判断为依据。质量管理问题将伴随着高校教育的繁荣存在而存在。质量保障则是质量管理发展的新阶段，具有特定的历史意义。比较而言，质量保障突出整体性，质量管理凸显过程性。现代管理学研究表明，质量来自管理，质量的高低又取决于管理的优劣。因此，高校教育质量保障的关键是建立完善的教学质量管理制度，即建立以激励为主的有利于学生个性发展的教学制度和教学管理运行机制，强化教学过程管理，加强对教学质量的监控和评价。唯有建立适应高校教育大众化和普及化的质量保障与评价体系，才能使高校教育的质量得到切实保障。早在 1998 年，联合国教科文组织的《21 世纪的高校教育：展望与行动宣言》中就明确指出："把学生视为高校教育关注的焦点和主要力量之一，应当在现有的制度范围内通过适当的组织结构，让学生参与教育革新（包括课程和教学法的改革）和决策。"可见，只有建立完善的组织和制度，才能真正发挥学生对提高高校教育质量的推动作用。如果没有组织和制度作为保障，再好的理念也只是"镜中花、水中月"，难以转化为具体的实践。再者，还要进一步加强高校校风、教风和学风建设，构建一个有利于学生健康发展的优良环境。评价是提升质量保障的有效手段，但评价又是非常困难的事情，甚至可以说是管理学的世界性难题。毕竟评价是一种基于价值的判断，具有较强的主观性。因此，没有绝对客观、公正与科

学的评价。在此情况下，评价就更需要理论的指导。如何使中国高校教育的发展在国际视野和中国特色之间保持张力，应当成为我们关注的一个重要问题。既不能让国际化变得虚无缥缈，甚至遮盖住我们办学的本质和特色，也不能让保持中国特色变成了低水平、低层次办学的借口。建立高校内部质量保障体系既是高校进一步深化教育教学改革、落实科学发展观的着力点，也是进一步巩固成果的关键，是构建有中国特色教学质量保障体系的基础性环节。要进一步促进高校的内涵发展，通过内部质量保障体系的构建和外部质量监控体系的完善，最终形成保证和提高教学质量的长效机制。高校教育要真正关心学生的生存境遇和发展命运，这就需要了解学生是否在低质量的环境中学习，而不是去对质量的定义进行令人头疼的哲学思辨。

总之，管理的对象有二：一为人，一为物。现代意义上的管理主要是通过体制和制度来实现的。一般而言，体制和制度要为人的能力的充分发挥提供机会与平台、政策与规则、管理与服务。当代中国社会最需要但又缺乏的，恰恰是保障并促进每个人的能力充分正确发挥的体制和制度。

二、高校教育质量评价体系的设计原则

(一)评价体系设计的激励性原则

高校教育质量评价，是把各学校的教育工作置于横向比较、鉴别之中，经受评价检验。通过评价，获得学校教育质量的高低、优劣信息，形成客观的比较鉴别，必将产生强烈的压力和动力，进而激发和增强他们的竞争意识。开展教育质量评价，就是相当于把竞争机制引入到教育领域，通过评价实行奖惩制度，科学的评价制度和方法将为教育竞争创造一个公平合理的良好环境。在质量评价的过程中，高校必须始终坚持以发展为本的重要原则，要根据评价对象过去的基础和现实的表现，对学校的各方面状况进行全面分析，这不仅仅是对高校的教学成果做一个价值判断，更是要通过对评价对象的评价与诊断，来发现其所存在的问题和困难，使被评价对象进一步明确未来发展的目标，激励被评者通过发展缩小与其他

高校的差距。也就是说，通过质量评价，不但可以评判一个高校教育质量的好坏，更重要的是能帮助学校诊断问题，使高校能够更清楚地认识到自己与优秀学校的差距，找到努力的方向。

（二）评价体系设计的明晰性原则

高校教育质量评价体系明晰性的原则，是指评价的目的、内容和要求都要明确、具体、清楚、明了。只有确立了明确的评价目的、评价内容、具体的评价要求，评价程序才能顺利开展，才能更好地达到评价的目的。所以，评价内容应紧紧围绕促进高校及师生自主的发展，明确要实现此目标的主要因素，并把此定为评价的核心内容。例如，应高度重视校园文化建设、人才质量的提高、学校专业与社会需要挂钩等方面的内容。尤其是对评价内容的每一个要素的具体内涵必须要做出明确、具体、翔实的界定，否则就会产生许多不必要的分歧，影响评价的实际效果。评价体系明晰性原则另一方面的体现就是，对评价者和被评对象提出具体要求，主要包括评价者的职责与任务、纪律和规定。例如，评价者要有高度负责、求真务实的精神，要公正、正直、秉公办事，要廉洁、廉明、不收礼品和礼金等，另一方面是对被评者的要求，主要包括：学校师生及员工从上到下要高度重视、真抓实干，要从细微处着手、从整体上去把握，要以评价为契机，实现学校又好又快发展。同时，评价的目的、内容和要求都要在评价活动开展之前，让评价者和评价对象了解与掌握，这样才能使评价对象有明确的努力方向和目标，才能让评价者懂得为什么要去评价、评价的内容是什么、应该怎样去评价。否则，评价者和评价对象在评价的实际工作中就会茫然而不知所措，其评价结果当然也不会令人满意。

（三）评价体系设计的可行性原则

高校教育质量评价体系的可行性原则，是指高校教育质量评价的对象具有可比性，指标体系具有可测性，评价工作具有简易性，从而保证评价工作的顺利进行。可行性要求评价工作要尽可能地用较少的指标、条目，较简便的方法、途径，反映出被评对象的本质属性和功能。开展高校教育质量评价的各项工作都要建立在具有可行性的基础上，要使高校教育评价在广泛的范围开展起来，必须使评价工作简易可行。这样，才可以使接受评价的单位把评价与改进工作结合起来，而不是把评价工作当成一个负担。另外，一项评价工作的开展需要花费一定的人力、物力和财力，如果评价不能解决实际问题，不仅浪费了国家的财富，而且也给被评价对象造成了很大的负担，导致被评价对象的不满和反感。因此，评价体系的设计，特别是评价具体指标的设计必须针对高校普遍存在的实际问题，特别要针对学校的办学定位和办学特色以及学生的实际能力等方面的问题。通过进一步完善评价指标体系，提高评价体系的可行性，突出被评价对象的个性和特色，对于促进高校的准确定位、提高被评学校学生的实际能力和创新精神都是非常有利和有效的。

三、专业与就业核心竞争力

高校现有的专业设置、组织结构显得不尽合理和规范，专业结构设置上存在盲目性、随意性，其结果造成人才积压和人才紧缺并存的结构性失衡。这必然导致“教育系统”与“就业系统”的错位，进而影响学生的就业，这也是导致一些专业“忽冷忽热”的深层原因之一。普通高校教育的质量主要表现为社会适应性，因而市场竞争就成为大众时代高校教育质量保障的主要方式。而信息的完全程度，也就是信息在高校与外界（政府、社会和高校）之间以及高校内部各成员之间的对称程度直接影响着市场竞争的有效性。这样，高校教育领域内的信息对称程度就成为高校教育质量保障工作有效开展的重要影响因素。仔细分析发现，高校自身办学特色不足，未能很好地根据产业经济和地方社区发展需要来设置优势专业，这是影响专业竞争力的一个必要条件，自然也影响着大学生对专业的归属与认同。专业的发展方向就是特色和竞争力、比较优势。如果没有特色、没有竞争力、没有比较优势，那么这个专业就不是一个好的专业。专业是高校人才培养工作的载体，专业设置的合理与否不仅关系到专业自身是否具有合理的存在逻辑，而且关系到高校所培养的人才是否具有较强的社会适应性。与此同时，社会需要的专业很多，但学校的资源是有限的。学校要在自己所能的范围内，扬长避短，培植优势，打造特色，以优势立足，以特色取胜。无论是单一性、精英式的传统质量观，还是多样性、大众式的现代质量观，都在一定程度上反映了不同时期的社会政治、经济和文化对高校教育的不同要求以及高校教育的价值取向。现代意义的高校教育质量观最主要的特点是“质量”和“质量标准”的多样化，因此，应重点强调高校教育质量评价标准的公正性、科学性和国际性，强调高校教育评价的“个性化”和“特色化”。

四、质量评价与经费结构

教育投入是现代政府公共财政支出的重要组成部分，高校教育是一种准公共产品，政府应主动承担起高校教育投入的责任。市场化和产业化并不是政府推卸加大教育投资力度主体责任的借口，而是要自觉增加对高校教育的投资，因为对高校教育投资，也是人力资本投资的重要形式，是强国富民的重要途径。

如今，各国高校经费来源都呈现出多元化的特点，各国高校教育经费的筹资渠道包括政府的财政收入、税收、学费、企业资助、捐赠、继续教育的收入及校办产业的创收等几个方面。美国筹措高校教育经费的主要渠道包括政府拨款、学费、销售与服务收入、捐赠及其他收入等；英国高校教育经费主要包括政府拨款，其中主要是大学基金、研究资助、产学研结合筹措经费、学费、民间捐赠、招收留学生等。与国外高校经费来源相比，我国高校经费还是以政府投入和学费为主要来源，还需积极拓宽资金来源渠道，并提高为社会服务的水平和质量，进一步完善融资体制。与 OECD 国家相比，我国的高校教育事业性经费支出结构中的人员经费支出比例明显偏低。为提高我国高校教育经费的使用效益，除建立相对合理的教育经费支出结构以外，还应积极建立科学、规范的高校教育支出绩效评价体系和制度，将教育支出结构与支出效率相联系，切实提高经费使用效率。

在高校教育质量评价过程中建立有效的激励与约束机制势在必行，

政府一方面应加大教育投入力度，另一方面也应注重资源使用效率，使物尽其用，将教育经费的投入与质量评价结果结合起来。质量建设关注利益结构的调整，主要通过经济杠杆来实现；质量保障关注教育教学活动过程中行为准则的规范和调整，主要通过相关的质量制度和质量标准来实现。

第二节　高校教育质量评价体系的哲学探究

高校教育评价是对高校教育教学、学术研究、经营管理、社会服务等相关的系统、组织的评价。我国学者认为它是“以高校教育为对象，依据高校教育目标，利用一切可利用的评价技术和手段，系统地收集信息，并对其教育效果给予价值上的判断，为做出决策、优化教育提供依据的过程”。

所谓的大学评价可以理解为根据一定的评价标准对其组织和机能所具有的价值，依照一定的目的，在一定水准的基础上，做出科学判定的过程。高校教育评价是一个复杂的过程，是以价值判断为核心，以与高校教育直接或间接相关的事物和人为对象，主要目的不在于价值判断的本身，而是通过价值判断，科学地利用其判断结果，优化高校教育，使其功能得以充分发挥。

哲学上的价值体现在主体与客体之间、需要与满足之间的关系，是客体所具有的属性同主体需要之间的一种特定的关系。高校教育的价值是高校教育主体与客体、需要与满足之间的关系，即高校教育的客体所具有的属性同高校教育主体需要之间的关系。主体的需要对于客体来说是否能够满足，其中存在着一种价值的判断，把这种价值判断进一步进行制度化就会形成评价制度。高校教育评价制度的形成不是偶然的，而是在高校教育不断发展的历史过程中形成的，并且不断地完善和发展。本研究试图从高校教育评价的主体论、多元论等几个侧面来探究高校教育评价的本质。高校教育评价本质的研究，不但能够完善、丰富高校教育评价的理论体系,更重要的是能够促进高校教育健康地发展。

一、对高校教育评价主体论的辨析

在以知识经济为基础的社会中,随着高校教育规模的不断扩大,高校教育已经走进了“社会的中心地”,高校教育的利益相关者也越来越多,他们都有权利对高校教育进行评价,并成为高校教育评价的主体。高校教育由谁来评价,将决定着评价的基本性质。由于评价主体的评价理念、目的、标准、内容等有所不同,与评价相关联的结果也不同。理论上高校教育利益相关者都有可能成为评价的主体,因此对他们一一进行论述,事实上是一件很困难的事情。那么,在现实的评价中,作为主体的是政府、国民,还是当事者？我们以评价的对象为基准,把评价的主体分为作为当事者的高校和高校以外的政府、第三方机构来进行探讨。

(一)高校本身作为评价的主体

把高校本身作为评价主体的评价,我们将其称之为自我评价。实施自我评价的高校具有双重性质,既是评价的主体也是评价的对象。高校自我评价的理念和目的会直接影响到评价的质量。就自我评价的目的而言不外乎有两个:一个是为了高校自身的生存和发展,提高市场竞争力,保障和提高教学、科学研究、经营管理、社会服务等各个方面的质量。这是一种纯粹性的自主自律的自我评价,它的动力来源于高校自身。另一个是为了应对来自高校外部的评价,在外部评价的压力下被动实施。因为外部的评价一般是在自我评价的基础上进行的,高校不得不实施自我评价,这在法律或制度上有新规定,并且外部评价的结果直接关系到高校自身的利益。这种自我评价可以称之为被动自评。我国的现实情况表明,高校实施的自我评价基本上具有上述两种因素。要想真正做到自主自律的自我评价,必须提高作为评价主体的高校对自我评价本质的认识。

自我评价主体的组成成员主要来自该高校的管理者、教职员及学生。为了保证自我评价的真实性和公正性,还应该有高校以外的代表参加。从管理层和教职员中选出一部分较有影响力的代表、学生代表和校外的代表组成自我评价组织，在一定的办学理念指导下，按一定的评价标准和程序进行评价，形成评价结果，做成自我评价报告书，并将评价结果向高校内外公开。高校教育的教育主体是作为受教育者的学生，学生作为自我评价的组成成员之一，他们的自我评价报告在理论上是最具有说服力的。可是在现实中，高校的自我评价组成成员里很少或者根本没有学生代表，受教育者的权利在评价中没有得到体现，这说明了自我评价在主体组成上存在着一定的问题，也是必须解决的问题。

作为自我评价主体的高校应该切实肩负起评价主体的责任。如果自我评价与评价的结果只是停留在对自己所在高校的介绍甚至美化上，未免与自我评价的本质相差甚远。自我评价如果不与高校自身的改革联系在一起，就会失去自我评价的意义。自我评价必须做到客观、真实。高校应将其作为一种管理经营的手段，有效地利用自我评价的结果，找出学校在教育教学、科学研究、管理运营等过程中的优点和问题，这对高校制订改革发展计划有着重要的作用。通过自我评价进一步发挥高校育人的能动性，激发教师的积极性，努力改进教学，提高科学研究质量，改善经营管理水平，才能实现自我评价的真正目的。

（二）政府作为评价的主体

在一个国家或社会里，对于高校教育来说，其权力当局者就是国家及政府。国家对高校教育实施评价，其本身就已经改变了原来的高校教育管理方式。国家要从高校教育所处的国内外形势、环境出发，宏观上把握高校教育的情况，制定发展策略。国家或政府作为评价主体的评价属于行政性评价或者政策性评价。

以国家或政府为评价主体的高校教育评价，通过转变教育行政部门管理职能，制定相关的法律或规章制度来加强和改进对高校教育工作的宏观管理和业务指导，强化对高校教育教学质量、办学条件等的监测和调控，其目的是促进高校教育事业持续、健康发展，保障和提高整个高校教育的质量，使之发挥更大的作用。国家或政府多是通过设立直属的行政评价机构来具体实施评价。这些直属的国家行政评价机构代表国家意志，根据相关的评价法律文件等制定评价目的、目标、基准、规则、程序等，对高校进行评价。

此外，这种评价实施的一个重要的前提是评价与资源分配有着直接关系。进一步来说，这种评价本身会成为资源分配的一种方法。为什么国家或政府能够成为高校教育评价的主体，这里涉及评价权力问题，或者说是资源分配权力的问题。资源分配的主体一般是资源拥有者或管理者。实际上，现在社会的特征显示，管理者是最具有资源分配权力的，他们与资源拥有者有着密切的关系，因而成为上位者。上位者评价与之相关联的下位者被认为是理所当然的，这种权威性来自资源的所有权。在规范哲学中，正义论认为：市场上的交换存在着性质截然不同的两种形式，一种是交换性正义，一种是分配性正义，前者在平等的基础上具有自主的性质，后者在上下关系中存在着权威性。例如，在社会中上司评价下属，在学校里校长评价教职员工、教师评价学生，这种上下级评价是现实中所存在的。那么，国家或政府为主体的高校教育评价就属于上级对下级的评价，它的权威来源于所属关系和资源的分配。

(三)第三方机构作为评价的主体

第三方机构作为评价主体对高校教育实施的评价我们称之为第三方评价。第三方评价机构是非高校、非政府性的，又与高校和政府有着密切关系，是非营利性的组织机构。它应该具有独立的法人地位，拥有自主权，是一种专门性较高的高校教育评价组织。第三方评价应该具有真实性、客观性、透明性和科学性等特点。评价结果应该向被评价的高校和整个社会公开，其主要目的在于为政府和高校的决策与改革提供咨询服务和重要依据，完善高校教育信息市场。第三方评价在保障和提高高校教育质量、优化高校教育结构、使高校教育可持续发展等方面发挥着重要的作用。

第三方评价的组织主要是由具有较高的责任感、丰富的高校教育经验的学者、专家等构成，组成成员多来自高校、高校教育研究、管理等部门。由知名学者和专家组成的评价队伍，是第三方评价权威性的主要来源。这些知名的学者和专家凭借着他们丰富的教育教学、研究管理等知识经验和理念，在国家高校教育方针政策的基础上，制定高校教育评价的目标、标准、指标、内容、方法、程序等，按照具体程序，本着高校自主与协商的原则，对高校进行评价。

高校已经实施了以保障和提高自身的教育教学、科学研究、经营管理为目的的自我评价，为什么还需要第三方评价？这里存在着“不识庐山真面目，只缘身在此山中”的一个哲理性问题。由于各高校的办学理念、发展的历史、类型、层次等有所不同，作为高校的最高决策者的管理经验和水平等也存在差异，在制定自我评价的目标、标准、内容、方法等方面存在着合理性问题，同时也存在着评价的过程、结果等是否真实、客观等问题。这些问题的发现及合理的解决方法的建议提出等需要一个科学的、客观公正的第三方来评价。

第三方评价的主体也应该多样化。一个第三方评价机构未必要对高校教育所有领域进行综合性评价，可以根据自己机构的组成成员的特点及实力，对高校的一个或部分领域实施评价，这样可以保证评价的专门性和科学性。像这样由多个具有专门性的第三方评价机构形成的第三方评价系统，如果能够真正地、充分地发挥系统功能，那么对于保障和提高高校教育质量就有着重要的意义。

二、对高校教育评价多元论的评判

多元论是在某些特定的场合，综合性地肯定和接受某种事物的多样性的立场或观点。对于事物而言，它的存在是由这种事物本身的价值所决定的。价值多元主义是哲学性的伦理学之中的一种思想，其认为：在现实中，同等地存在着正确的、根本性的多种价值，这些价值是相互矛盾统一的。在多种情况下，它们之间是不能相互替换的，因为它们不具有客观的序列性。高校教育评价的多元化形成是因为这种评价本身存在着多元化的价值，它不仅表现为评价形式的多样化，还表现为评价层次和内容的多样化。这种根本性主要来源于高校教育的多元化发展。在高校教育评价领域里存在着多元的评价主体、多元的评价对象、多元的评价标准等。

(一)评价主体的多元化

高校教育由谁来评价？这个“谁”就是评价的主体。主体之所以具有评价的权利，是因为它们是高校教育的利益相关者。随着高校教育的发展，高校教育的社会价值越来越大，所作用的社会领域越来越多，利益相关者也自然越来越多，多元化评价主体的产生也就成了一般性的道理。在现实中，多元化主体的产生还与一个国家的高校教育发展阶段、国民的民主性觉悟、具体的国情等有着密切的关系。

按照高校教育评价主体产生的顺序，应该是高校自身作为评价的主体最先登场，因为它所担负的高校教育的责任最直接、最重要。随着高校教育的市场化进程，作为高校教育消费者的学生和家长的民主意识不断提高，对高校教育的要求也不断增加，即要求他们所购买的“产品”在质量上得到保障，在社会中得到认可，因此，高校不得不在“产品”的附加值上下功夫，以赢得消费者的信赖和承认。而将这种理念作为前提，高校就要付出实际行动，不断地用自己的手改善自己、改革自己，保障和提高自己的质量。从“入口”到“过程”再到“出口”，不断地检查和评价，并把上一次的评价结果作为下一次评价的开始，循环往复，不断地改革和创新。

高校教育的发展也会反作用于国家与高校的关系。在高校教育不同的发展阶段，这种关系的体现也有所不同。他们之间由原来的“权利”和“义务”关系，逐渐地向“管理”和“责任”的关系转变。在“管理”和“责任”之间会存在着一个“纽带”或“桥梁”，这个“纽带”或“桥梁”就是评价。评价产生的同时就会出现评价的主体，国家对高校教育的评价其主体自然是国家或政府。国家或政府通过制定高校教育的大政方针来引导高校教育发展。高校教育大政方针的制定必须在国家高校教育事实的基础上进行，事实来源于评价的结果。国家或政府作为高校教育的评价主体的产生和存续，其价值是无法替换的，其意义十分重人。

在国家和高校之间存在着既“非此非彼”又“亦此亦彼”的第三方。第三方评价主体必须对国家和社会负责，与高校之间存在着平等、自愿、协商的关系。在“高校教育评价时代”的今天，第三方评价主体的产生和发展，既能够丰富高校教育评价的形式和内容，又能够客观、科学地保障高校教育质量，为高校接受外部评价提供更多的选择空间。它所存在的价值在于客观、公正、真实、科学、公开等，这种价值是其他任何评价主体都无法替代的。

评价主体的多元化是“高校教育评价时代”到来的基本特征。多元化的主体从不同的侧面对高校的教育教学、科学研究、管理经营、社会服务等各个方面进行检测、监察，对具体高校的改革与发展提出意见和方法策略，保障高校教育健康发展。

(二)评价对象的多元化

随着高校教育的不断发展，高校呈现出多类型、多层次的发展趋势，有国家直属高校、地方高校、民办(私立)高校、中外合作办学等，有研究型大学、教学研究型大学、教学型大学、高职高专等，有历史悠久实力雄厚的大学，也有新建本科院校等。这些多样化发展的高校是与社会发展的需求相适应的，为社会发展培养各级各类、不同规格的人才。由于各高校的具体职能不尽相同，他们存在的价值也有所不同。正是这些职能、价值不同的高校的存在使高校教育评价的对象呈现出多样化。由于高校教育评价对象的多样化，相应的，高校教育评价的形式也会向多元化方向发展。

高校教育发展的历史表明，高校教育的功能在不断地扩大，高校的职能也在渐渐地增加，现在已经形成了被学界和社会公认的三大职能，即培养人才、科学技术研究、直接为社会服务。随着高校教育的发展还可能会出现更多的职能。就三大职能来说，高校是否真正地发挥了它的作用，或者如何保障和提高三大职能发挥作用的质量，需要对其进行评价。把高校的社会职能作为评价领域，这个领域也是多元的。评价领域的多元化也会影响到高校教育评价的多元化。

高校培养人才，目前为止主要是按着院系和专业来培养。由于高校的不同，所设的院系和专业也不同，同样名称的院系及专业在不同的高校，其教育教学、科学研究等的水平和质量也存在着差异。如何保障相同专业在培养人才和科学研究上的质量，近年来受到人们的普遍关注。把专业作为评价对象，这个对象更加广泛，更加多元化。

高校教育评价对象的多元化会使高校教育评价出现多种类型。如根据评价对象的不同，会产生针对研究型大学的研究型大学评价、针对教学研究型大学的教学研究型大学评价、针对教学型大学的教学型大学评价、针对新建本科院校的新建本科院校评价、针对高职高专的高职高专评价；根据评价领域的不同，也会出现针对培养人才领域的教育教学评价、针对科学技术研究领域的教育研究评价、针对直接为社会服务领域的社会服务评价。把不同的院系或专业作为评价对象，就会形成多种专业评价。在这些评价之间存在着类型和层次的区别，它们既可以完善高校教育评价系统，也能够使高校教育评价向高度专门化方向发展。

(三)评价标准的多元化

高校教育从精英教育发展到大众化教育再到普及化，是随着科技和经济发展到一定阶段，人们对高校教育追求的增加和国家及社会对高校教育需求的不断扩大所形成的。它的原动力来源于高校教育的“内推”和“外引”。“内推”就是个人对高校教育内在需求的增加，“外引”就是国家的高校教育政策制度。从高校教育哲学层面上讲，这是认识论和政治论相互作用的结果。高校教育是否能够满足个人、国家和社会的需要是高校教育评价的哲学依据。高校教育评价标准对于高校教育评价来说，是一个极其复杂而重要的问题。大众化及普及化阶段的高校教育，也存在着精英教育，这种复杂的教育形式决定了现在的高校教育评价标准应该是多元化的。

在多样化的高校教育市场需求之中，评价主体要充分考虑这种供求关系。在评价标准的制定上，应该具体从两个方面出发：一个是个人的需求。各高校各自在多大程度上能满足哪一类受教育者的需求，这是评价主体在制定评价标准的时候应该考虑的重点要素之一。围绕着培养人才和满足个人的需求，会涉及具体高校的各个方面要素，如教育教学、管理运营、历史特色、地理位置、物质资源、师资构成、学生情况、专业设置、学科建设、学术科研、社会声誉、发展潜力等。另一个是国家和社会的需求。国家和社会的需求是随社会发展而产生的，并逐步呈现出多样化特征，是基于国家和社会的政治、经济与发展情况对劳动力、专门人才、科学技术等要求而产生的对高校教育支付能力的需要。这些需求主要来自政治、经济、文化、科技、人才等领域。评价主体在制定评价标准的时候，对于高校在多大程度上能够满足国家和社会的哪些需求，也是必须考虑的重要因素。

由于高校教育发展阶段的不同、高校的类型和层次不同，在满足受教育者个人、国家和社会的需要程度的价值判断上也有所不同，因此，对其评价的标准也应该是多样化的。高校教育评价主体如何制定评价标准，与这个主体判断高校教育的价值尺度有关，作为评价的主体必须清楚地把握现阶段的高校教育状况，国家和地区在政治、经济、科技等各个方面对高校教育的需求，并且能够科学地预测高校教育发展的未来，这是制定评价标准的基本前提。评价主体多元化，其评价的目的也有差异；评价对象多元化，其评价的内容也有所不同。因此，高校教育评价标准也应该是多元的。

三、对高校教育评价政策的哲学分析

伴随着我国高校教育评价工作的开展和对高校教育质量的追求，从1985年国家颁布第一项高校教育质量评价政策，到如今评价贯穿于各项有关高校教育质量工作的政策中，作为高校教育不可缺少的一个重要组成部分，高校教育质量评价政策经历了一个不断发展、不断成熟的过程。

(一)从战略设计上看，高校教育质量评价政策经历了一个由一般到具体的发展过程

1985年颁布的《中共中央关于教育体制改革的决定》指出："教育管理部门还要组织教育界、知识界和用人部门定期对高校的办学水平进行评估。"这是我国政策中第一次对高校教育评估提出明确的概念和要求。此后，理论界围绕高校教育评估对象、目的、意义、评估标准、指标体系、评

估方法、国外高校教育评估等展开了探讨。与此同时，由国务院、教育部（原国家教委）等制定的关于开展高校教育质量评估的有关规定、条例、方案陆续出台。

我们无需将多年中的这些文件罗列出来，但从我国高校教育质量评价政策的主要内容可以看出，我国高校教育质量评价政策从无到有，并且一直贯彻在各项加强本科教学工作的文件中，政策设计也从粗放式的简单要求到具体、详细的评价规范。如从评价概念和要求的提出到评价管理机构的职责划分，从初时的政策文件到以立法的形式确定高校教育评价，从高校教育宏观调控体系与评价制度的建立到不同科类高校开展教学工作评价制度的形成，从教育主管部门对高校的评价到建立高校内部教学质量检查监督的措施和办法，从教学工作水平评估原则的确立到对指标体系、等级标准、评估结论、评估方针的明确规定，政策设计的指向性越来越明确，对评估工作的指导和规范作用逐渐加强。到目前为止，可以说在任何一项有关高校教育质量的政策中，评价都成了不可缺少的重要组成部分。

（二）从本质上看，高校教育质量评价政策经历了一个从工具性价值到目的性价值转变的过程

高校教育质量评价政策包括两个方面的价值：一是对高校教育质量评价的统筹规划、发展方向所制定的指导原则，主要是协调高校教育质量评价的内部关系；二是国家高校教育质量评价活动的方向和评价发展目标，主要是协调高校教育质量评价的外部关系。内部价值着重于解决高校教育质量评价活动的内部矛盾，即通过解决质量评价生存和发展的应然目标与实然状态之间的矛盾，最终达到使受教育者全面自由、和谐发展的目的。高校教育质量评价政策的内部价值，主要是以合乎质量评价和人的发展以及合乎的程度来评判。这种价值可以称为高校教育质量评价政策的目的性价值。而评价政策的外在价值着重于解决高校教育质量评价的外部关系，具有一种国家功利主义的价值取向，称为工具性价值。从本质属性来说，高校教育质量评价政策的内在价值高于外在价值，高校教

育质量评价政策的目的性价值高于工具性价值。

我国政府在评价政策制定过程中，坚持国家发展与高校教育质量保障的统一。一方面通过评价提高高校教育质量，视高校教育质量为其参与国际竞争和满足社会对人才需求的工具。另一方面，国家权力通过评价政策，调集大量资源发展高校教育并解决教育质量中出现的问题。从国家利益与高校教育利益的关系来看，鉴于我国的社会实际以及教育地位的低落和发展方向的迷失所造成的种种弊端，在现阶段出台的评价政策中，相对突出的是第二个方面，即重视其内在价值，尊重高校教育自身发展的内在需求，引导高校教育质量评价各项工作规范、有序地开展，从而促进高校教育质量的不断提高，为社会整体进步提供原动力。可以说，我国高校教育评价政策的演变过程是一个从工具性价值到目的性价值不断升华的过程。例如，《普通高校教育评估暂行规定》是第一次对高校教育质量评估进行立法，指明普通高校教育评估的主要目的是“增强高校主动适应社会需要的能力，发挥社会对学校教育的监督作用，自觉坚持高校教育的社会主义方向……更好地为社会主义建设服务”，强调“普通高校教育评估应坚持社会主义办学方向，认真贯彻教育为社会主义建设服务、与生产劳动相结合、德智体全面发展的方针，始终把坚定正确的政治方向放在首位，以能否培养适应社会主义建设实际需要的建设者和接班人作为评价学校办学水平和教育质量的基本标准”。政策行文中“社会主义办学方向”“高校主动适应社会需要的能力”“正确的政治方向放在首位”等措辞，彰显了高校教育质量评价政策的工具性价值。到了《中国教育改革和发展纲要》提出“建立各级各类教育的质量标准和评估指标体系。各地教育部门要把检查评估学校教育质量作为一项经常性的任务……对职业技术教育和高校教育，要采取领导、专家和社会用人部门相结合的办法，通过多种形式进行质量评估和检查。各类学校都要重视了解用人单位对毕业生质量的评估”，政策行文开始转向强调不同类型高校的评估和不同形式的评估，转向对人的发展价值的关注，倾向于促进受教育者全面自由、和谐发展的目的。而其后的一系列评估政策，包括分科类高校评估、评估的组织、评估的要求、评估的指标体系的变化、评估的措施、方法的规范等，都是为了协调评估过程中的内部关系，为了对评估进行统筹规划和发展进行指导，促使评估从实然状态走向应然目标。

（三）从功能上看，高校教育质量评价政策经历了一个从基准控制的导向功能和奖优罚劣的调节功能向提高质量的管理功能的转变

教育政策的本质决定了教育政策具有导向、调节和管理的功能，从而使教育政策具有客观的价值属性。高校教育质量评价政策也是如此。20世纪80年代中期至90年代中期发布的高校教育评价政策，赋予了质量评价基准控制和奖优罚劣双重功能。《中共中央关于教育体制改革的决定》明确指出，“教育管理部门还要组织教育界、知识界和用人部门定期对高校的办学水平进行评估，对成绩卓著的学校给予荣誉和物质上的重点支持，办得不好的学校要整顿以至停办”。《普通高等学校教育评估暂行规定》提出，高校教育评估是“对学校办学水平和教育质量做出评价，为学校改进工作、开展教育改革和教育管理部门改善管理提供依据”。这些都是通过评估对高校办学基准和质量进行控制的体现。此后的许多评价政策也关注了不同类型高校之间、不同集团之间的差异，有效地协调了它们之间的关系，保证高校教育事业平衡有序地发展，为高校的分类发展奠定了基础。

第三节　高校教育质量评价体系的实践要素

就高校教育的质量评价体系研究和高校教育质量保障体系研究而言，关于“质量评价”和“质量保障”这两个概念，本研究在查阅文献和研究的过程中发现，国内这两方面的研究和概念界定存在相互套用的情况。其实对于高校教育质量管理来说，高校教育质量评价和高校教育质量保障是既相互联系又相互区别的，这两个概念在高校教育质量观中有简单的区别。为使研究更加集中和有针对性，本研究再次对其进行概念厘清。

高校教育质量评价指的是“以高校教育为对象，依据教育目标，利用一切可利用的评价技术和手段，系统地收集信息，并对其教育效果给予价值上的判断，为做出决策、优化教育提供依据的过程”。也就是说，高校教育的质量评价体系实际上是建立在收集信息的基础上，以价值判断为目的的过程。从世界高校教育发展来看，高校教育质量保障制度的普遍建立已经成为大势所趋。但是，国外的高校教育质量管理制度经验都说明质量保障制度是建立在质量评价制度之上的，也就是说质量评价是质量管理制度的基层建设，质量评价所得出的相关的价值判断和信息是质量保障和质量改进的基础数据。通过访谈国外相关大学内部评价管理人员和分析他们的评价报告，我们发现院校内部质量评价体系的完善需要充分发挥基层学术组织在专业发展、人才培养上的作用。

一、行政管理模式的转变

改变院系型的行政管理模式，确立知识型的学术基层组织制度。从理论上来说，学科是大学的细胞，是大学教学科研发展的基础所在。学科这些极其重要的单位，可以被看作是一种组织的基础。高校从整体上来说实质就是一个学术组织，是一个学科群的集合体，越到基层越倾向于某一单一学科体系，这样才可能符合其整体学术性的要求。因此，基层组织的学科属性和学术特性是由大学与生俱来的特性所决定的。教学、科研和为社会服务的大学三大职能，其实质都是知识创新。教学职能是通过人才培养达到知识的传承，继而为知识创新做准备；科研职能是通过科学研究直接进行知识的更新换代，为社会服务是建立在教学和科研基础上的。当然，这些知识创新需要制度保障，而以学科为基础的知识本体模式则成为此创新的重要载体，这样的基层制度建设才是成功而有效的。

知识本体模式的基层组织制度是人才培养创新的基础，它为课程多样化和灵活性的设置提供可能。只有建立在知识本体模式之上的课程设置、教学、评价，才可能给予授课教师最大的权限和责任。这样才可能保证在课程设置之前，授课教师有充分的主动性来进行市场分析、学生调查，并根据相关信息具体设计出最符合知识发展的人才培养目标，或者是最符合学生需要、最符合市场需求的课程内容、教学方式，并能够根据学生的评价来适时调整教学内容和教学方法。

以多样化课程组合而形成的模块课程学位制度必须建立在知识本体的基层学术组织模式基础上。“如果你正在寻找一个硕士学位，我们灵活的课程设计将在你需要的专业领域提供更加专业化的知识，并为你提供更加广泛的学修课程整合在你的课程模块中，以适应你个人兴趣和需要。当你并不确定你能够承担所有的硕士学位课程时，你也可以选择灵活的PCES的课程模式。”以上这段话正好说明了在同样的学位背后可以通过多样化的课程模块来满足多样化的学生需要和市场需要。而多样化的课程模块需要学科间的自由互动和交流，学科是相对独立的，知识是综合的，知识本体的基层学术组织建设将为这样的学科交流提供空间和可能。

反观院系实体模式，课程设置模式可能改变自下而上的知识出发途径，遵循自上而下的管理思维，从大学发展和社会发展需要出发，这样就会忽视知识、市场和学生发展需要；而站在知识前沿的教师则因为没有基层发展责任而丧失了参与课程设置的动力和机会。此外，在各自为政的院系实体中，学科间的交叉交流空间相当有限，封闭的院系限制了学科交流的可能，学科孤立发展模式违背了知识融合的规律，只会导致学科发展越走越有限，人才培养机制越来越狭窄。知识结构的不合理导致创新型人才培养的空间相当有限。可见，只有符合知识发展规律的知识本位的基层组织模式才可能在大学的教学职能中、在人才培养内容和模式创新中有所作为。

二、内部评价制度完善

扁平式和分权并立的管理模式保证了大学内部评价制度的完善。该模式的形成符合质量管理“改进和转变”的理念。管理“精致化”是当代管理改革的趋势。扁平化强调压缩管理结构，减少管理层次，下移管理重心，提高信息传输效率，增强系统适应外界变化的灵活性。分权化强调分解权力、职能和责任，创设竞争环境，激发系统活力。但是过分强调扁平化，会影响管理结构下移管理重心，可能导致中心管理事务过于庞杂；过分强调分权化则可能导致基层组织间的过分攀比竞争。二者的结合在大学的管理结构中表现得清楚：一方面，大学中心的管理职能和权力、责任通过学部、学院各级组织逐级下放，首先实现分权管理；另一方面，中层管理学部的出现、学部数的减少既符合学科融合的趋势，也是整合管理层级的需要。职能和政策的执行可能是三层结构也可能是两层结构，可能是从大学中心管理通过学部再到学院的正常传输过程，也可能就是从大学中心管理直接到学院，还有就是在学部和学院两级间解决的事务；当然，一切都视具体情况而定。

从管理结构来看，学术行政采用分立模式，行政服务学术理念稳固，不同学术部门间既为保持学术独立和自治性而相互分立，又通过学部为学科间的融合发展保持可能，这样的模式为教学、科研上秉承学术独立性提供了切实的内部保障机制。而通过大学层面的学部间的交流来从中观层面上推动基层学术组织的学科融合和发展，既符合知识发展的逻辑，也符合问题研究范式，更是一种加强大学内部良性竞争合作的管理模式，有利于促进以知识本位为基础的基层学术发展。学术和行政分立模式，一方面保证行政以学生服务为中心的工作理念，学术领域内以学部为统筹，以学院为主要教学科研单位，学院和中心的并立存在都为以研究引导教学的理念提供了可能；另一方面，学部减少，学科间融合趋势加强，加强了学科交流，打破学科壁垒，为教学法的相互学习提供了新的渠道。

三、多层次质量评价

大学内部推行以基层质量评价为基础，中层关注质量保障，高层关注质量改进，人人为质量负责的质量评价制度。

（一）建立在课程审批、教师发展、学生评测和学生反馈基础上的基层质量评价

根据对教学质量以及质量管理战略的理解，高校教育机构应当对四

个影响教学质量的要素进行重点规范。这四个要素分别是：新课程或模块的审批、教师发展、学生测评、学生反馈。新专业（包括新课程或模块）的开设被视为是对教学质量影响较大的一个因素，因此，其审批过程也十分严格。一个本科专业从提议开设到获得批准，需经过下列机构的层层审批：学系委员会、学院本科生学习委员会和附属学院或研究生学习委员会、学院委员会、评价与审批委员会、学术质量与标准委员会、学校参议院。合作开设课程还须由合作与远程学习分委员会审批。大学对上述各机构应具体考虑的问题都有详细指导，以规范其审批工作。概括地说，它们主要考虑新专业的可行性和学术合理性问题。可行性问题包括有关专业所需资源、市场需求、是否符合外部规则与标准等；合理性主要指学术合理性，包括对诸如专业设置的目的、培养内容、课程结构、教学方法安排以及测评方法的合适性等进行考查。在新专业评审中，不但应该重视专业的学术合理性，而且应该重视专业的市场需求情况，因此要求申请单位必须提供详细的市场调查情况，尤其重视雇主的意见。专业审批过程中，后一环节首先要对前一环节的审批程序执行情况作一个大概的了解，以监督并保障课程审批工作的执行，使审批过程环环相扣，保障各阶段工作的落实。

教师发展制度主要由学术实践中心和大学学术成员发展与评价委员会负责，其内容包括开设系列课程和培训、提供资助和安排学术活动。课程和培训涉及教学、测评、研究、学生管理、行政以及个人发展等方面。这些项目都是向所有人开放的，一般时间短，但针对性强。而对于试用期的教师，大学设有专门的“introduction”项目，包括教学准备、教学发展、教学评价、导师个人角色、研究导师等课程，以帮助新教师迅速适应工作，并融入校园文化之中。在提供资助方面，主要是供教师参加有关学术会议或相关培训。大学为教师提供的发展项目同样也要接受有关部门的评价和监督，以不断改进和提高发展项目本身。

学生测评应当被视为检查课程教学效果的重要环节。在这一环节，学生和教师能同时获得有关其学习和教学的反馈，从而帮助改进学和教。

大学应该通过外部监察制度及时采用学生测评反馈的方式，充分发挥学生测评在促进教学质量上的积极作用。所谓测评反馈，指将测评结果及时反馈给学生，帮助他们改善学习。大学要求各机构将测评反馈的时间、方式等以制度方式明确公开，并针对公开制度建立评价机制。在课程开始之前，有关机构要将预期的学习要求以及反馈形式公开告知学生，以保证学生事先对课程的学习结果有完整的了解，并明确学习过程各步骤的要求。这样就使学习、测评和测评反馈联结成一个回路。学生根据测评反馈进行改进，改进的情况将在下一轮学习和测试中体现出来；然后教师再次给出测评反馈，并根据上一次的情况进行调整。如此循环往复，以保障学生学习质量的不断提高。

学生对课程和教学的反馈意见越来越被认为是保证课程质量的十分重要的方式。大学通过各种方式收集学生的反馈意见，并通过师生联络会以及学生代表在各委员会中的任职来直接反映情况。收集学生反馈意见主要是通过问卷形式，由课程领导负责，在学系这一层面进行。通过问卷，大学可以获得学生对专业及课程设置、内容和组织以及课程教授等方面的评价，以不断完善专业和课程模块。在对单门课程的评价中，大学也要求学生进行自我评价，评价自身出席课程的情况以及努力的程度，以保证学生相对客观地看待有关课程问题。近年英国华威大学出台了有关问卷设计、方法以及结果分析等方面的指导性文件，旨在指导学系更科学地设计问卷及其数据，以改进和提升课堂设计和教学实践。

师生联络会是学生就有关学术问题发表意见的重要的正式渠道，它还监督各学系对学生反馈意见的采纳情况。这一机构各系都有，由学生领导每年定期召开会议，学生可以就教、学以及学生支持等方面的问题展开讨论，提出意见，学生的主要观点将通过该组织向有关委员会汇报。在实施监督职能上，学系要将其针对学生反馈意见采取的措施向学生学习委员会报告。学生学习委员会要向学院提交年度报告，在明确大学范围内的优秀操作实践以及存在的问题后，由学院向大学质量保障机构汇报。

(二)建立在课程定期评价、年度评价基础上的中层质量保障机制

要素规范作为质量保障体系的建设性部分,其实施情况要接受大学评价。作为督促的主要方式,大学需要通过各种形式的内部评价定期检查院系教学质量保障工作。这些形式主要有课程定期评价、课程年度评价以及学系年度评价。

第一,课程定期评价以学院为主体,学系的自评报告基础上进行各系的自评报告上交学院委员会,学院委员会汇总后上报院校质量保障机构。该评价每五年一轮,以单门课程为单位开展,旨在鼓励各系对课程发展进行长远考虑,刺激新的课程设计并保障各系教育质量的提高。确定好评价的课程及时间后,学系将自评报告提交给学院委员会,后者将组织评价小组开展评价。评价小组成员不得少于三人,且都是外系学术人员,一个必须来自外院。他们对被评价学系提交的下列材料进行详细汇报和反馈:①自我评价报告(包括学术数据库中的有关数据);②上一次定期评价的报告;③外部评价和任何外部专业团体的认证报告,以及在 AQSC 指导下针对这些报告中提出的问题采取的有关措施;④过去三年的外部监考员报告;⑤上一次定期评价以来的所有有关课程的年度课程评价报告;⑥外部成员的详细意见(如果他们不能参加评价会议的话);⑦学生手册和鼓励性文件;⑧SSLC 的年度报告,以及根据评价小组的判断抽选的部分 SSLC 文件和学生反馈文件、问卷以及对它们的分析;⑨课程详细介绍;⑩相关的学科标准陈述。

上述材料中,除了自评报告外,其他文件都是已经存档的材料,这样避免了因评价给系里带来过多的麻烦,影响其日常工作。自评报告的主要内容应包括:课程要求是否恰当,在多大程度上达到了预期的教学效果,课程教学中有没有采用现代技术,是否促进了学生的技能发展,课程结构和内容的改进效果如何,学生的学习效果和学习机会如何,以及系内对课程的检查和监督方法是否有效等方面。

评价小组组长和秘书对上述材料进行检查并通过之后,将召集系里

师生召开评价会议，重点讨论和评价课程的效果以及优缺点，然后提出改进意见。最后，评价小组秘书将起草总结报告，提交给 AQSC，同时给系里一份，要求系里书面回应报告的结论和建议。系里的回应以及委员会针对有关问题的解决方案也须向 AQSC 汇报。

第二，课程年度评价主要由课程组组长负责组织和实施。课程组组长召集所有与该课程有关的教员以及部分学生开会，针对该课程各方面的反馈信息进行讨论。这些反馈信息主要来自学生反馈或问卷结果、考试结果、外部监考员报告、外部专业团体的学科认证报告、师生联合会的文件及年度报告、雇主或其他利益相关者的反馈等。同时这些材料将与上一年的课程年度评价报告以及课程详细介绍和外部质量管理委员会的相关标准陈述进行比较对照，以明确其进展与不足。会议结束之后，课程组组长将提交一份简单的评价报告，将本年度该课程的进展情况和来年的发展计划报告给系主任，由后者汇总交学院委员会讨论，并公布最佳课程实践和有待继续改进之处。

第三，学系年度评价。学院秘书根据学院所有课程的年度评价报告制作一份综合报告，明确学院内要解决的主要问题和需改进的领域，以及优秀实践案例等。这一报告将向大学质量保障委员会正式汇报。每一份课程年度评价报告随同其后续改进工作的记录都将在系里存档，以作为将来迎接其他评价之用。

（三）以质量改进为目标的高层质量管理模式

质量评价和保障的终极目标是提高和改进高校教育的质量。以国外某大学内部质量管理结构调整为例，我们可以发现，院校内部质量管理制度的改革和调整是以弱化高层具体质量管理方式为目标，以落实基层具体的质量评价和保障为方式，以强化质量改进理念为指导的路径选择。

例如，国外某大学在 21 世纪时进行新一轮的结构调整。这样的调整符合该大学自身的战略规划：

“我们进行结构调整的目的在于进一步加强大学层面的学术管理和领导力，使得高层的学术管理和执行团队能够和我们学院内具体制定学术规划发展的团队更加紧密地合作。比如我们原来是 6 个学院，现在是 12 个学院，这也就意味着原来只有 6 个学术管理者参与到我们大学的学术发展的研讨中，而现在参与人数增加到 12 人。这样一方面有更多的来自学院基层的学术管理者参与到大学高层的政策策略发展的讨论中来。另一方面，作为新的学院，我们也需要学校管理执行者参与到学院的管理中来，这样能够加强学院和大学层面在管理策略、发展方向上的协调。同时，这也是目前大学内部质量管理的普遍做法。我们这样的调整还因为很多教师、教授来自南安普敦或者其他学校，他们把这些学校质量管理的经验带来，为我校质量管理的理念带来了新的思考。”

该大学调整后的内部质量管理结构是一种典型的层级化管理结构，即从大学中心管理到学院管理再到系管理。质量管理模式首先自上而下进行政策指南的制定，在实施过程中遵循自下而上的报告提交和反馈。大学中心负责大学内部质量保障制度的框架设计和策略规划；基层学术组织则负责大学内部质量评价和管理的具体操作和实施；教师和学生都成为质量管理的参与者和实施者。学术权力最初的源头就来自于师生对学术的认同和质疑以及对质量的观照。而大学层面的学术办公室和教学委员会的责任在于汇总和收集质量信息，根据目前大学的发展情况来制定未来质量发展规划和战略。

第四节　高校教育质量评价体系构建的对策

面对高校教育质量的种种疑惑以及高校教育质量评价自身的种种问题，我国高校教育质量评价正承受着比以往任何时候都要巨大的变革压力。它迫切需要高校教育理论研究者与实践工作者对这些疑惑与问题做出积极的、有效的、令人信服的回应——保证并持续提高高校教育质量，以持续保持对高校教育质量的影响力，创造且不断拓展自己的安身立命之所。那么，在实践中到底应该怎样来设计我们的路径呢？借鉴西方国家开展高校教育质量评价的先进经验和成熟模式，当前可以尝试从以下几个方面着手。

一、更新高校教育质量评价的理念

理念是指引个人思维和行为的价值观与信念。理念是抽象的概括，它不是具体的行为，但能指导行为，指导具体工作目标的制定。高校教育质量评价的理念是在教育评价本身发展规律思考的基础上，对教育评价活动本身的内在价值追求的结果。一旦形成先进的、科学的理念，将是一股引导教育发展与自身发展的巨大力量。目前，我国高校教育质量评价理念落后于评价实践发展的需要，因此，评价理念的更新是重构高校教育质量评价的关键。

(一)树立服务性的评价理念

传统的教育评价具有鉴定和管理的功能，由评价者依据一定的标准对被评价者的工作进行检查、监督，以判断其达成目的的程度，从而实现对教育活动实施监督与控制的目的。在这种评价思想的指导下，评者与被评者处于一种对立的地位，他们之间是控制与被控制、监督与被监督、管理与被管理的关系，从而造成了评价者拥有至高的权力，而被评者处于被动接受检查、等待评估的位置，因此，被评者参与评价的积极性不高，甚至惧怕和反对评价。第四代评价理论认为：评价应是评者与被评者之间民主协商、共同参与的过程，而非仅仅是评价者对被评价者进行价值判断、控制与监督的过程。因此，评价不仅具有判断与管理的功能，更重要的是具有服务与建设的功能。这就要求我们在高校教育质量评价的指导思想上，必须转变以往以监督控制性评价为主的理念，树立起以服务性评价为主的理念，发挥评价的建设性功能。这种服务性评价理念要求评价者在进行高校教育质量评价的时候，要以为被评者服务为宗旨，充分听取被评者的意见与建议，与其建立协商型的伙伴关系，使被评者自觉配合和主动参与评价，通过科学、客观的评价来为被评者提供准确的反馈信息和可行性建议，以帮助其不断改进工作，实现价值增值，从而大大提高评价体系的运行效率和效益；而不仅仅是以管理者的身份对高校进行自上而下质量检查式的评价。同时，服务性评价还要求评价主体实施评价活动时，应尽量站在被评者的立场考虑，通过评价帮助他们改进工作而不是用频繁的检查控制式评价增加他们的工作负担。

（二）树立适应性的评价理念

高校教育进入大众化阶段，呈现出一种多样化的发展态势，其表现为办学主体多样化、办学形式多样化、办学层次多样化和培养目标多样化。它适应了社会对不同层次、不同规格和不同类型的人才的要求，正在逐步成为大众的文化场所和学习场所，不断为整个社会创造新的知识和提供受过高等教育的劳动者，为社会创新注入活力。显然，此时对高校教育质量的评价再继续沿用传统的精英教育的知识质量观（学术质量观）是行不通的，而要"考虑多样性和避免用同一个尺寸来衡量高校教育的质量"。因此，我们在评价高校教育质量时，必须树立适应性的评价理念，以适应性作为不同层次、不同类型、不同地区高校评价的基本要素，而不能抽象、笼统地划分一个标准去评价不同的大学。比如，对自筹经费的大学，只要培养了适应市场需求的专业人才，人才的素质和能力在社会上得到了认可，就可以承认它的教育质量。但需特别指出的是，这种适应并非无视高校教育的自身规律，一味地迎合外部社会需求而失去了高校教育的主体地位，而应该是在外部需求与自身规律之间寻求到最佳契合点。唯有如此，才能在不失高校教育质量的长远追求中，又顾及外部社会的短期质量目标要求。这也体现了高校教育质量一般评价标准应与一定社会对人才需求相一致的质量取向。纵观高校教育发展的各个历史阶段：从注重博雅学识到注重专业基础知识，从注重实践能力到注重全面素质的高校教育质量评价取向的变迁轨迹，均清晰地显示了适应性原则在高校教育实践中的体现。

（三）树立发展性的评价理念

发展性教育评价在 20 世纪 80 年代兴起于外国，是一种与传统的奖惩性教育评价不同的新型评价理念。发展性教育评价以发展为目的纬度，是一种依据目标、重视过程、及时反馈、促进发展的形成性评价。发展性教育评价的特点是：在教育评价方式上，发展性教育评价不仅注重评价对象的工作表现，而且更重视评价对象的未来发展，重在使评价对象增值，是强调“立足现象，回顾过去，面向未来”的评价；在评价目标上，发展性教育评价更强调以促进被评者的发展为目的，是一种依据目标、重视过程、及时反馈、促进发展的形成性评价；在与评价对象的关系上，发展性教育评价重视提高评价对象的参与意识，发挥其积极性，双方建立合作型关系。发展性教育评价以评价对象为发展主体，通过系统地收集评价信息和进行分析，对评价者和评价对象双方的教育活动进行价值判断，实现评价者和评价对象协调发展的目标。

发展性教育评价理念的提出，改变了长期以来站在评价者立场考虑，重视对被评对象的教育效果进行鉴定和区分优劣的终结性评价占统治地位的局面，而以被评者的发展为主要目标，重视对被评者工作过程进行评价和及时反馈，以帮助被评价者改进工作，促进其发展。发展性评价可以促进评价者与被评者之间的良好交流与合作，树立被评者主体地位，提高它们参与评价的积极性和主动性，从而提高评价体系运行的效率和效益；发展性评价站在被评者立场考虑，更重视被评者自身的可持续发展，实现被评者自身价值的增值，是一种更重视评价效率与效益的评价；发展性教育评价更重视促进被评者有效改进工作，不仅满足目前发展需要，而且能够促进其未来的持续发展。所以，发展性教育评价是一种更先进的教育评价理念与指导思想，对指导我国高校教育质量评价体系的建构，提高该体系的运行效率和效益有极其重要的意义。

二、优化高校教育质量评价的指标

评价指标是开展教育评价的基础，也是评价活动的重要依据，它决定着评价活动的效果和效率。因此，要改进我国高校教育质量评价工作，真正发挥其功能，保障我国高校教育质量的持续改进和提高，我们还必须优化高校教育质量评价的指标，着力构建我国高校教育质量评价的指标体系。

(一)高校教育质量评价指标的优化价值

从评价学的观点来看，指标是一种具体的、可测量的、行为化的评价准则，是根据可测或可观察的要求而确定的评价内容。从本质上说，它是评价目标的细化和具体化。高校教育质量的评价目标是对高校教育质量进行价值判断，找出问题，提供反馈信息，促进高校教育质量的持续改进。高质量的高校教育标准是高度概括性的、抽象的，它涉及许多方面的目标，包括条件、过程和输出成果方面的高质量。因此，评价指标就必须把这些高度概括性、抽象性的目标细化成具体化的、可测量的、行为化的、可观测到的标准，以此作为评价的依据和准则。但由于每个指标只能反映某一方面的目标，不同的评价指标，在判断评价对象达到预定目标的程序中，所起的作用是不同的。为了使每项指标发挥其应有的作用，就必须赋予各评价指标以不同的权重。这就涉及指标的优化，即根据相关要求(如教育目标、人才培养质量等)，运用一定的方法对指标体系中的各要素进行层级分解与权重设计。实践证明，一个设计科学合理而又简单易行的指标体系是成功进行教育评价的重要基础。如果指标体系设计不科学、不合理、烦琐且不可行，不仅不能提高评价体系的效率和效益，而且也得不到科学的评价结果。从这一意义来看，优化高校教育质量评价的指标不仅是必要的，而且是紧迫的。

(二)高校教育质量评价指标的优化策略

我们到底应该怎样来优化高校教育质量评价的指标体系呢？其主要可从以下三个方面着手。

一是要体现完备性。根据评估学原理，一个评估系统的指标体系所反映的广度和深度，应当包含或者覆盖评价对象的全部本质属性。高校教育是一项系统工程，其质量是由多种因素相互作用的结果，包含的属性范围极为宽广。因此，在设计和构建高校教育质量指标时，必须坚持全面的理念，根据高校教育质量的内涵和外延，全面设计指标体系。

二是要体现实用性。指标体系的完备性是我们追求的目标之一，但过于重视细枝末节则会导致评价信度的减低。因此，对高校教育质量的评估，应在保证评估目标能够得到充分体现的前提下力求简易，选取的评价指标要简明且易于操作，同时要有易于观察和收集的确切的数据来源，并最大限度地避免使用主观色彩过于浓厚的综合性指标。这样评估起来，收集信息方便，费时少，主评人员容易掌握，便于配合，误差较小，从而既能保证评估结果的可靠性，又能使评估体系达到简单、经济、实用的要求。

三是要体现针对性。不同类型的学校虽然可以分享共同的教育目的，但每所学校的具体使命、角色作用、关键的成功因素却不尽相同。学校是否明确自己的使命本身就是影响教育质量的一个重要因素，不同类型学校有区别的评价指标有利于引导学校正确把握学校使命。因此，我们在设计和优化高校教育质量评价指标时，还应针对不同层次、不同类型的高校，特别是不同学科、专业，制定适合国情的多样化的教育质量标准。在横向上，应该分别制定研究型、教学型、应用型大学的教育质量标准；在纵向上，也应该分别制定博士生、硕士生、本科生、专科生各自应达到的质量标准。

三、丰富高校教育质量评价的主体

高校教育的质量不仅关系到举办者、办学者的责任和利益，而且与社会、民众，特别是受教育者的利益也密切相关，这就决定了多种力量要求对高校教育质量进行评价。因此，要进一步推进高校教育质量评价的发展，还应丰富高校教育质量评价的主体，积极创建政府、学校和社会共同参与、联动协调的评价机制，使政府教育督导部门、社会中介教育评价机构和学校联合起来，围绕共同目标，从不同角度为高校教育质量提供客观、可信、有效的评价。

(一)政府评价主体的职能转变

教育是在特定的社会历史环境中所进行的一种特殊的社会活动，其面临着家长、学生、教师和社会舆论等诸多潜在冲突的要求。正因为教育要受到一定社会状况的制约，于是，对教育质量进行评价也自然成为社会公众与政府部门均普遍关心且自觉参与的社会活动。在计划经济时代，政府是高校教育资源的唯一投入者，也就成为唯一进行高校教育管理的权力主体，直接控制着高校教育质量评价的方方面面，承担着对高校教育的无限权力与无限责任。因而在传统的高校教育质量评价中，政府是唯一的评价主体，一切评价活动均以政府的价值观和利益需求为取向，重视对投入资源、办学条件的评价，忽视对高校教育产出以及绩效的评价，从而造成了责任机制的缺乏和效率的低下。随着高校教育管理体制、投入体制的不断改革，政府已不再是高校教育评价中唯一的权力中心，因此，理应转变职能，减少对高校教育质量评价的直接干预，而应使更有管理优势的社会与高校承担更多的责任。但是，政府职能的转变并非意味着政府对高校教育责任的放弃，政府只是从没完没了的琐碎小事所淹没的平原上撤退，进而在明朗的、可策略性“总揽全局”的制高点避难。政府的主要职责是通过制定高校教育质量评价政策、法规等，对评价机构的组成及其评价活动的实施加以规定、监控和调节，从而保证评价机构的权威性和评价活动的公正性。同时，政府及教育主管部门还要利用评价结果制定高校教育发展的有关规划，从总体上、宏观上调控把握高校教育的发展方向，控制高校教育的总体发展水平，并且通过某些其他方式促进高校教育质量不断地改善与提高，使其更符合国家的利益需要。

(二)自我评价主体的功能发挥

自评是指评价客体进行的自我评价，它是客体对象主体化的行为，是一种自觉主动的行为。自我评价是高校内部自行组织实施的评价，它是对教育活动进行自我调节和自我完善的重要手段，主要功能是优化教育过程。高校自我评价不仅是同行评价等外部评估的基础，而且是高校教育质量评价中“独立的校内评价过程”，是高校教育质量保障体系的重要组成部分，是高校教育评价的成功所系、生命所在。正如学者所指出的“只有给予自我评价以足够的重视，才会使教育评价的积极作用得到尽可能大的发挥”，以实现评价的目的。但从当前我国高校教育质量评价的现状来看，真正意义上的高校自我评价制度并没建立起来。高校缺乏自评的积极性和主动性，其所进行的自评只不过是政府评价的一部分，是为政府评价收集信息的过程，具有某种强制性，容易出现形式主义、弄虚作假的现象。虽然部分高校内部也设有教学质量管理办公室或教学评估办公室，并定期开展评教评学等评估活动，这的确是一种进步，但还远远不够。由于这些高校开展的自评大部分都是阶段性、临时性、应急性、总结性的，而没有作为学校的经常性工作，当然也就没有开展形成性、日积月累的自评工作，这也是当前高校自评耗费大量人力、物力、财力，却造成评估、教学颠倒的直接原因。要改善这种现状，就必须改变政府控制下的以为政府评价提供信息为目的的高校自评模式，由高校自主地自下而上建立起自我发展、自我约束的高校教育质量内部评价体系。

（三）社会评价主体的积极介入

对于教育的社会评价，《教育评价辞典》中的界定是："社会评价是由具有一定权威的社会团体不受任何教育主管部门委托，独立地对教育活动进行的评价，是社会用人单位对学校培养学生适应社会需要程度进行的评价。"还有学者认为："教育的社会评价是以教育系统外部的社会力量为主体，从社会发展和人民群众需要的角度，对教育行为或现象进行价值判断的活动。"一般来说，高校教育的社会评价主体包括各学术团体、专业协会、专门的社会评价中介机构、私人团体、毕业生雇主、新闻媒体等，他们代表了广大社会各利益集团的利益，是高校教育的主要利益相关者。在我国高校教育评价由单一评价主体向多元评价主体转化的过程中，高校教育评价除了由政府评价和学校自我评价外，还需要一种站在"公众"的角度，真正按"公允"的价值标准对高校教育进行公正评价。因此，在高校教育质量评价体系中，必须重视充分发挥由非政府的社会团体、民间组织以及公民个人参与高校教育质量评价的权利，并且促使他们更加有效地履行其应承担的责任和职能，即需要社会评价主体的积极参与和介入。正是基于这样的认识，教育部明确提出：要进一步转变政府职能，建立评价中介机构，成立具有独立法人的"教育部高校教育评估中心"，不断提高评估工作的专业化和科学化水平，并且建立起社会评估中介机构的资质认证制度。高校教育教学评估中心可以带动地方政府、教育行政部门建立相应的评估监控制度和组织机构，促进高校建立自我发展、自我约束的内部质量保障机制，积极引导和培育社会评估中介机构，形成由国家控制、评估机构评估、高校自我评估和社会监督共同组成的完整的教育质量保障体制。

四、完善高校教育质量评价的方法

高校教育质量评价的方法很多，但没有哪一种评价方法和手段是绝对优异的，它们都有各自的适应范围，只有将多种方法结合起来，发挥各自的优势和作用，才能从不同的侧面反映实际状况，增强评价的准确性。因此，在评价高校教育质量时，还应使用综合化的评价方法。具体来说，就是要实现“四个相结合”。

（一）定量评价与定性评价相结合

定量评价是采用数学的方法，收集和处理数据资料，对评价对象做出定量结果的价值判断。如运用教育测量与统计的方法、模糊数学的方法等，对评价对象的特性用数值进行描述和判断。定量评价强调数量计算，以教育测量为基础，具有客观化、标准化、精确化、量化、简便化等鲜明的特征，并在一定程度上满足了以选拔、甄别为主要目的的教育需求。定性评价是根据评价者对评价对象平时的表现、现实和状态或文献资料的观察和分析，直接对评价对象做出定性结论的价值判断。如评出等级、写出评语等。定性评价是利用专家的知识、经验和判断进行评审和比较的评价方法。定性评价强调观察、分析、归纳与描述。高校教育质量的构成要素（如规格、效益、特色等），既有确定性又有不确定性，这就要求对高校教育质量所实施的评价与控制必须遵循定量与定性相结合的原则，凡是能够用一定数量确定的，应尽量给出定量要求，而对一些抽象层次高、找不到典型价值事实的评价对象，则应以定性评价为主。如评价标准中的办学理念、办学特色等，无法进行量化评价，只能采取定性分析。唯有如此才有可能做到评价与控制的客观、公正和全面。

（二）单项评价与综合评价相结合

单项评价是对评价对象在某一方面的评价，或者指评价对象在某一时间范围内的工作评价。单项评价不仅能为改进某一方面的工作提供依据，而且能为被评价者提供今后工作努力的方向。缺少单项评价会导致综合评价结论的表面化和简单化，因此单项评价是综合评价的一个重要组成部分。综合评价是用动态的、发展的眼光，对评价对象工作的各个环节进行系统的、全程的、较长时期的、循环反复的评价。综合评价不是单项评价的累加，而是对被评价者全方位的、多角度的综合各种因素的系统评价。没有综合评价，就无法全面了解评价对象的工作表现，无法把握评价对象的发展倾向和发展需求，也无法修正评价过程中由晕轮效应、趋同效应等引起的各种偏差。高校教育本身是一个多边系统，而这些系统又有相对独立性，质量评价需要与各层次的教育活动同步进行，以判断各层次、各方面的效果，从而改进各层次、各方面的工作。因此，实施高校教育质量评价，必须坚持单项评价与综合评价相结合，这也是教育评价的一项基本方法。

（三）自我评价与外部评价相结合

高校教育质量是高校永恒的主题，因此，建立自我评价制度理应成为高校的自觉要求，成为院校建设中不可或缺的重要一环。自我评价固然重要，但由于受自身条件和各种因素的影响与限制，自我评价机制也存在一定的局限性，其评价结论的客观性、可信性和有效性难以得到保障。而外部评价与自我评价相比，其起点更高、视野更宽，更具客观性、权威性，对院校的宏观指导战略意义更大。因此，评价高校教育质量，还必须将外部评价与自我评价相结合，并使二者相互融合与促进，如此才能使评价的过程与结果更真实、更科学。一般来说，在高校教育质量评价中，应先由学校进行内部自我评价，然后外部评价机构根据自评报告对学校进行检查或指导，这样既可以让学校展示其优劣点，又能节省时间，符合我国教育评价高效率的要求。同时，学校成为评价主体之一，参与评价的积极性也必将得到进一步加强。

(四)静态评价与动态评价相结合

静态的认可性评价的重点在于高校现在达到的实际水平,判断其是否符合一定的质量标准,并据此予以认可。认可性评价较重视评价的统一性,其标准多为静态标准,即针对稳定的教育任务,依据既定的教育目标而编制的评价标准,目的是考核教育任务完成的程度和水平,且是相对稳定的。动态的发展性评价则更注重从改革和发展的角度对高校在改革中表现出来的活力——适应能力和创新能力进行动态评价。发展性评价重视评价标准的变化、多样化以及高校的办学特色。因为从动态和改革的观点评价高校教育的发展,必须允许甚至应当提倡各所高校制定自己的特色评价标准,或者评价者针对不同的高校制定不同的发展性评价标准。对高校教育而言,其质量保障和质量提升是一项复杂的系统工程,不是一蹴而就可以完成的,也不是一劳永逸可以实现的。仅仅依靠静态评价不能反映整个发展过程,也无法把握其发展方向。因此,在对高校教育质量的评价中,必须坚持静态评价与动态评价相结合,但要以动态评价为主。

五、健全高校教育质量评价的制度

制度和机制带有根本性、全局性、稳定性和长期性的特点,任何一项工作的深入开展,都必须依赖于制度和机制的建立与完善。当前,在高校教育评价实践中,还存在严肃性、规范性不强的突出问题,部分影响了评价的信度和效度。为此,我们还需要进一步健全高校教育质量评价的相关制度和机制,切实增强高校教育质量评价的科学性和有效性。

(一)健全高校教育质量评价的文本制度

法律保障的特点在于,它以国家权力作为后盾,具有最高的权威性和最大的强制力。因而,立法建设对质量评价和质量保障具有重要意义。从国际情况看,许多发达国家都把高校教育评估作为一项重要的制度,国家的法律条文和制度明确规定了评估的依据、目的、标准、机构、组织、程序、结果及其使用、评估专业人员、评估有效期限、评估仲裁、评估费用来源等。目前我们应依据《教育法》《高等教育法》《教师法》以及我国高校教育的战略目标、方针、政策等，借鉴和吸收其他国家质量评价和质量保障的法治经验，结合我国高校教育质量评价和质量保障的理论和实践，进一步完善高校教育质量评价的各种文本制度，从法律上建立具有中国特色的高校教育质量保障机制。从法规体系构建的合理化视角看，我国高校教育评估法规体系建设的基本思路应该是：由全国人大制定颁布适用于各教育领域的教育评估法；国务院在此基础上制定适用于高教领域的高校教育评估条例；国家教育行政部门统一制定地方各级高校教育评估规程；地方各级人大、政府及教育主管部门制定高校教育评估规程细则，依据国家制定的各级评估规程的统一要求，确立本区域相应的高校教育评估政策法规。此外，各级教育评估部门可以制定其他有关的高校教育评估工作规章，工作规章并非属于法律规范的范畴，但是可以依据上位法的立法精神对高校教育评估中的具体问题做出补充性的规定和说明。

（二）健全高校教育质量评价的保障制度

任何一项工作，要想朝着既定目标健康发展、有效运作，都需要有良好的保障机制，高校教育质量评价更是如此。因此，我们在实施高校教育质量评价时，还应通过健全保障机制，把内部保障和外部保障有机结合起来，为评价工作的深入开展提供坚实的保障基础。一方面，政府及教育主管部门应充分发挥外部保障的主导作用，通过人财物方面的条件支持、制度性的项目支持等，来推进高校教育质量自我评价体系的建立。如政府可对建立了自我评价体系的高校进行鉴定，凡是通过了鉴定的高校不仅可以获得政府的经费资助，而且还可以享有较大的办学自主权。另一方面，社会及相关部门也可以从社会资金的资助、就业资格或生源等方面来促进和保障高校教育质量评价。同时，高校及教师也应充分发挥主动性，在学校内部营造一种学者团体的自律文化，使其能自觉地参加自我评价，进行自我保障，通过这样一种不断自省的方式来建立学术组织的规范，维护学术的高深性、学位的荣誉以及学术组织的纯洁性。这就要求我们要充分发挥各级学术委员会或教授委员会的重要作用，尤其是要发挥系一级学术机构，如系一级的教授委员会或者学术委员会的作用，依靠他们建立起高校教育质量系一级的内部质量评价机制。另外，在学校内部成立强有力的行政管理部门也是推进自我评价体系建立的一种有效措施。如果有了这样一个强烈的意识，并且建立了一些明确的规章制度，就能为建立自我评价机制创建一个良好的实施环境。

(三)健全高校教育质量评价的评价制度

评价活动本身的质量如何，是否能够真实、公正地反映被评对象的客观情况，切实有效地发挥导向、激励、诊断、中介、提升等功能，还需要进一步地考察与评价。这种评价就是对所进行的评价活动进行的后续评价，也就是对评价的评价，也被称为再评价或元评价。再评价对监督与制约评价主体的行为、提高评价结果的客观性、消除评价中的误差、改善高校教育质量评价工作、总结经验与不足、提高评价体系的运行效率和效益都有十分重要的作用。国外高校教育质量评价的实践经验也证明，再评价在保障高校教育质量评价的质量，提高评价的信度和效度方面发挥了极其重要的作用。为此，我们还应高度重视再评价制度的建立和完善，并把它作为保障评价活动质量，提高评价体系运行效率和效益的一个重要手段，在实际工作中加强建设，使评估成为保障和提升高校教育质量的重要手段。

第五章　高校教育质量评价方法

第一节　管理质量评价方法

一、管理质量评价研究的内容

教师是高深知识传承和创新的主体，是学术研究和提供社会服务的重要力量。绩效管理是既注重个人绩效提升又注重组织绩效提升的管理方式，教师绩效的整体提升对于高校绩效的提升起着至关重要的作用。财务管理的高绩效对于一所高校的发展也至关重要，因此，财务管理历来是组织绩效研究的核心环节。

此外，绩效管理是绩效评价的改进和升华，财务评价本身就是绩效评价的核心环节，在绩效管理领域，财务管理也始终是高校管理者和研究者关注的热点话题，因而，注重对高校财务绩效管理的研究是传统研究的惯性使然。同时，高校的行政部门拥有计划、指导、外联、服务和协调等重要职能，对于高校的资源拥有较大的处置权，因而，高校行政部门绩效的提高对于高校组织发展的影响也是学界较为关注的方面。

在高校绩效管理研究发展的总趋势中，以下几个方面的内容将会表现得更为突出：①基础理论研究将会受到更多的重视。基础理论研究的受重视程度以及研究成果的数量和质量，直接反映着一个研究领域的成熟与否。目前我国高校绩效管理无论是理念还是方法都处于借鉴阶段。随着高校绩效管理理论和实践研究的进一步发展，脱离高校实际的基础理论就会显现出不足，因为它不能很好地回答高校绩效管理中存在的诸多问题。可喜的是，根据第一部分研究阶段的划分，我国高校绩效管理的研究目前已经逐渐从起步阶段向理论总结阶段过渡，今后将会有更多的学者从高校的实际入手，从基础理论层面去丰富高校绩效管理研究的内涵，并从宏观层面去建构高校绩效管理的路径选择。②高校战略性绩效管理将会成为研究的热点。伴随着知识经济时代的端倪初露和日渐发展，以及新科技革命进一步迅猛发展并深入推进，科学技术将日益成为一个组织发展的决定性因素。较之于有形资产，无形资产日益受到了组织的重视并在组织的发展中发挥着重要的作用。人类面临的是一个竞争日趋激烈、复杂多变的新时代，对于被认为是计划经济最后一块阵地的我国高校来说，包括政治环境、经济环境、科技环境和文化环境等在内的外在环境已经发生了巨大的变化，高校发展环境的不确定性日益增大。目前，我国高校教育机制和运行机制处在不断变革和完善的过程中。③研究主体将会趋于多元化并逐渐稳定，高校绩效管理的研究主体将会更加多元。

二、管理质量评价的方法

高校行政管理绩效评价的方法有很多，其中数据包络分析模型、模糊综合评价法及平衡记分卡法得到了较为广泛的应用。

DEA 方法本质上属于线性规划，它适合多投入多产出的情况，无须建立严格的变量函数关系，也不用对数据进行无量纲化处理和人为设置权重，因其简单、方便而得到大量应用。而 SFA 方法要求产出变量只有 1 个，不适用于产出变量为多个的科研效率评价。DEA 方法一经出现就以其独有的优势和普遍的适用性受到人们关注，不论在理论研究还是在实际应用方面都得到迅猛发展，各种新模型推陈出新、层出不穷，但应用最广泛的还是 C^2R 模型和 BC^2 模型，主要用来测算技术效率（TE）、纯技术效率（PTE）和规模效率（SE）。

模糊综合评价方法（FCU）可以用来对高校教育信息资源管理绩效进行定性、定量相结合的综合评价，它采用数字特征将模糊因素清晰化，运算处理及判断过程简便，结论统一，可信度高，能全面、逼真地反映高校教育信息资源管理的绩效。这一方法的推广应用，将使高校教育信息资源管理绩效评价更加科学客观。

平衡记分卡，简称 BSC(balanced score card)，是诺朗顿研究院的执行长诺顿与哈佛大学教授卡普兰在 1992 年提出的一种财务指标和三个非财务指标(顾客、内部流程、学习与成长)相结合，评价企业战略经营业绩的策略性绩效评价体系。把平衡记分卡与预算管理相结合，对学校预算管理方面显示良好成效。关键绩效指标 KPI 体系以企业现状及远景、战略规划为基础，把目标从企业最高层逐级向下层细化、分解，找出评价企业关键绩效的评价依据和关键指标，并进行量化，建立可评价部门及个人绩效的指标体系。借助层次分析法对专家选取的关键指标设定不同的权重，从而实现学校预算管理的绩效评价。

BSC 围绕企业的战略目标，强调将企业的宏观战略与绩效管理有机地结合，从财务、顾客、内部流程、学习与成长等四个维度入手，根据企业生命周期不同阶段的实际情况和所采取的战略，为每一个维度设计适当的评价指标，赋予相应的权重，形成一套完整的业绩评价指标体系。其中，财务指标是核心，顾客指标为视角，内部流程指标体现过程、决策和行动，学习与成长则关注企业未来成功的基础。

第二节　教学质量评价方法

一、教学质量评价概述

教学质量是在一定的人文关怀条件下，教师传授知识与培养能力的一种效率体现。其中，人文关怀是高校教师提高教学质量的前提，是保证学生具有良好心理品质的基础。知识传授是教学质量的核心，主要包括基础知识传授和扩展知识传授，基础知识传授是保证教育质量的根本，强调学生对这部分知识的扎实理解和掌握；扩展知识传授是保证教学质量的关键，强调知识面的拓宽。能力培养是教学质量的升华。学校教学质量评价是学校教育质量管理活动的重要一环，其最终目的是通过评价来改进学校教育教学质量，以确保教学满足学生全面、和谐的发展需求。教学质量评价应包括两大方面，学校教学质量评价的重点应放在对施教者的评价上，因为教育教学是学校的职责，也是教师的职责，学校的中心工作是教育教学，因而“教”和“育”的质量才应是评价的主要内容，而对“学”和“得”的评价，只是通过评价来了解“教”和“育”的不足，从而不断改进“教”和“育”的质量。本部分将评价对象放在对施教者教学质量的评价上，下一部分将探讨学生的学习质量问题。

目前有关教学质量的评价存在许多问题：①对教学质量评价的意义缺乏正确认识。有些高校开展教学质量评价时，以奖惩为目的，采用的是总结性评价，关注的是总结性的评价结果，教学管理部门常常将评价结果直接用于教师的人事管理。②教学质量评价的组织缺乏规范性。多数高校都建立了一套教学质量评价制度，如干部教师听课制度、教学检查制度、督导制度、学生评价制度等，但目前对教学质量评价的组织中仍存在一些不合理的地方。③教学质量评价的指标缺乏合理性。高校教学质量评价多采用固定化、程式化的指标来衡量充满个性和特色的教学活动，这样的指标虽然具有规范统一、操作简便、容易比较的优点，但是很难准确地反映各学科和专业特点；同时，制定一个统一的指标让大家去遵循，其结果只能是使大家机械地以评价指标为导向，限制了教师教学自主性的发挥，不利于教师教学风格的形成；再加上评价人员来自各个专业，会出现在对非专业的教学进行评价时，仅凭感觉和印象打分的现象，从而使评价的可信度降低，使评价结果不能准确地反映教师的实际教学水平和质量。④教学质量评价的主体缺乏广泛参与性。有些高校认为学生既是教师教学工作的直接受益者，又是其教学成效最深切的感受者，对教师的教学质量最有发言权，因此视学生为唯一的评价者。⑤教学质量评价的结果缺乏反馈和沟通。通过实施教学质量评价，教学管理部门能及时、准确地了解课堂教学情况，找出存在的问题和不足，并针对存在的问题和不足采取改进措施，从而有效地保障并提高课堂教学质量。

针对这些问题，首先应对教学质量评价进行根本的改变，集中体现在:①教学质量评价对象。由侧重学生转向侧重教师。受传统教育观的影响,我们对教师和学生往往采取双重标准,即在教育教学中,以教师为中心,以“教”为中心;而在教学质量评价中,重点对象却是学生和学生的学习,而不是教师的施教质量。因此,我们应该转变观念,实现评价对象由学生为主向以教师为主的转变。②教学质量评价重点。由侧重结果转向侧重过程。学校教育教学质量的评价除了要实现评价对象由学生为主转向教师为主外,还要实现由侧重结果转向侧重过程。教育是一个十分复杂的过程,只有控制好过程,才能有好的结果。教育教学质量评价应把重心放在对施教和受教过程质量的评价上,而不是把重心放在对结果的评价上。除此之外,还应从根本上改变来自教师评价、培养方案和学生评价三方面的偏差,其中教师评价偏差主要表现为:过分强调教师管理,忽略教学发展;强调教师的服务作用,忽略教师的引导作用;强调教师的决定性作用,忽视教师的促进性作用。培养方案出现偏差时有两种主要表现:追随潮流,忽视质量个性与特色;重视制定过程,忽视落实过程。学生评价出现偏差时有两种主要表现:抑制学生的积极性,降低学生学习的效果与质量;抑制教师的能动性,降低教师教学的效果与质量。大学教育教学质量主要由教师的质量与学生的质量构成;而教师的教学质量在很大程度上建立在学生的学习质量之上,即学生的学习质量决定教师的教学质量。大学教学质量管理,无论在哪个层面与哪个环节,也无论采用什么方式,其主要目标都是提高教师的教学质量与学生的学习质量。一切认识偏差与实践偏差,都可能使大学教学质量管理偏离目标。因此,要想保障大学教学质量,就必须预防并消除此三种偏差。

对高校教学质量的相关偏差进行修正:①试题梯度修正。与教学认真、严格评价(考试)的教师相比,考试给学生划定范围的教师更受学生的喜爱,学生评价甚至会超过前者很多。如果简单地使用学生的评价结果,直接通过学生评价对教师进行教学效果评价,就会出现很大的偏差。试题梯度是反映试题质量的重要指标,缩小复习范围、划定考试范围的试题肯定没有梯度或梯度超过正常值。通过试题梯度可以有效修正及缩小复习范围、划定考试范围等不利于学生成长的教学错误倾向。②分布偏差修正。学生的考试成绩好，教师的教学效果是不是真的好呢？当然不能一概而论。因为学生的成绩与试题难度等诸多因素有直接的关联，如果成绩普遍高，偏离了正态分布，就一定是虚高，因为真正教学效果好，学生成绩一定符合正态分布。因此，通过学生成绩分布与正态分布的偏差可以修正成绩虚高造成的教学效果好的假象。③学术成就修正。科研促进教学，高质量的教学需要甚至依赖科研的支撑，通过科研可以了解学科发展的动态，站在学术前沿，把最新的学术成果融入教学之中；反之，只能是照本宣科。而考查科研实践和成果的直接观测点就是学术成就，因此，评价量规融入学术成就因素可以更恰当地反映被评价人的教学对学生成长所起到的作用强弱。作为院（系）或同阶群体间的评价，经过这样修正之后，其信度和效度就可以显著提高，基本上能够反映出该院（系）或该群体教师的教学质量水平及其个体差异。④专家委员会修正。把各院（系）或各群体的评价结果直接作为全校教师的教学评价结果显然欠妥，还要有一个全校性的包括各院（系）教学负责人以及教务管理、质量管理、教育科研、招生就业等相关处（室）负责人在内的专家评价委员会，对院（系）或群体的评价结果进行最后修正，这样才能使评价在全校范围内更接近真实与公平。

二、教学质量评价内容

施教者教育教学质量的评价应包括下述八个方面：①施教者的教育理念。教育理念是人们对整个教育和教育现象的理性认识、理想追求及其所形成的观念体系。施教者所持有的教育理念是指导教育教学的灵魂，是教育教学的指导思想，它始终控制着施教者的教育行为。对施教者的教学质量评价首先要评价其持有的教育理念。②教育教学依据的掌握。教育教学依据是教育教学活动的出发点和根据。具体包括：施教者的教育教学理论、法律法规、管理制度、教育方针、教育标准、教学计划、教学大纲的理解与掌握程度，以及对学生个体差异情况的了解程度等。③

教育教学内容的把握。包括如何选择与鉴别教育教学资源、如何科学而系统地组织教育教学资源、如何突出教育教学中的重点与难点、如何贯彻教育教学的基本原则等。④教育教学艺术的运用。在教育教学中施教者综合运用教育教学的技能与技巧,其含义有三:一是在教育教学过程中施教者对普遍的教育教学原理、原则、方法、技能技巧的创造性运用;二是在教育教学过程中遵循教学原理和规律、贯彻教育原则而进行的创造性的教育教学活动,使教育教学具有形象性和情感性,给学生以美的享受;三是在教育教学过程中体现施教者个性而独具特色的艺术创造活动,包括施教者运用语言、肢体、表情,融语言表达(包括形体语言表达)为一体,运用自己的知识和管理才能去激发学生的兴趣、好奇心、求知欲,以满足学生的发展需求。⑤教育教学结构的设计。教育教学结构是指教育教学的组织结构形式和具体的安排、实施过程,特别是教育教学的课堂结构形式。具体包括教育教学环节设计、时间分配;课堂教育教学新旧内容的衔接;施教者与学生的互动情况;课堂教学效率、理论与实践的结合程度等。⑥教育教学方法的采用。教育教学方法是指施教者在教育教学工作中采用的方式、措施以及使用的工具与手段,具体包括形式是否活泼多样,方法是否得当得体,是否贯彻了“教有法但无定法”等原则;是否注意到了个体差异,是否充分调动了学生的积极性;教与学的关系处理得是否合理,是否突出了“过程方法”,组织教育教学是否自然和谐;采用的现代教育技术手段和工具是否得当、有效等。⑦教育教学管理能力。教育教学管理能力是指施教者运用管理学理论知识解决和处理教育教学中出现的问题的能力,以及处理突发事件的能力和应变能力。如何实现对教育教学的有效管理,特别是对课堂的驾驭与管理,是施教者管理能力的集中体现。具体体现为能否通过教育教学管理为学生的成长与发展提供良好健康的环境。⑧教育教学总体效果。教育教学的总体效果是指通过具体的教育教学活动和管理工作所达到的预期目标、整体水平。这里包括两层含义:一是施教者的教育教学实效,即在“教育服务”中所达到的预期目标和整体水平;二是学生通过施教者的教育教学和管理工作,即接受“教育服务”

后所收到的效果和满意程度。因此，对教育教学总体效果的评价应该包括三个指标：一是施教者的教育教学和管理过程的效果；二是学生的综合素质发展水平；三是学生对施教者教育教学工作（教育服务）的满意程度。

在新型教育质量理念的影响下，应倡导教育质量多维评价法。该方法更关注学生探索知识的能力、实际运用知识的能力及综合素质的提高，这是多维评价体系的内涵所在。依据影响教育教学质量的因素，教学质量多维评价体系包含下列要素：①多维的教学质量评价内容。在教学质量的评价内容上，要改变以知识点为评价内容的一维评价，确定与多样化的人才培养目标相适应的多维评价内容，根据不同的人才培养目标构建相应的评价指标。②多维的教学质量评价主体。评价教师的教学质量时，改变过去单纯由教学管理者进行评价的方式，充分考虑学生是教学活动的主体，对教育教学质量最具发言权，同时结合同行专家、教育管理者及教师本人的评价，使教学质量评价科学客观、真实有效。③多维的教学质量评价方法。评价教师的教学质量时，除采取常用的教学质量评价方法以外，选择“我心中最满意的教师”、教师讲课比赛、课堂教学质量问卷等方法，全面、客观、准确地评价教师的教学质量和教学能力。

三、教学质量评价方法

高校教学质量的评价方法主要有层次分析法、模糊层次法、神经网络法、数据包络分析法、SPA法及因子分析法等。

（一）层次分析法

层次分析法是一种简便、灵活而实用的解决多准则决策问题的方法。它将模糊或复杂的决策问题分解成若干组成因素，将各因素按支配关系形成层次结构，逐层比较相关因素，检验比较结果的合理性，确定各因素的权重。它为解决那些无结构的、难以定量描述的决策问题带来了极大的方便。层次分析法广泛应用于企业管理、经济计划、教育管理和资源分配等领域。层次分析法的关键环节是建立判断矩阵，判断矩阵是否合理、科学将直接影响其应用效果。构建指标判断矩阵是层次分析法的关键步骤。为了减少主观因素的影响，对教学质量评价指标两两进行比较，构建判断矩阵 A，矩阵 A 中元素值表示评价指标对于教学质量评价结果的相对重要性程度，本文采用教学主管部门和熟悉课堂教学质量评价的专家共同打分确定。根据评价因素指标矩阵，首先可以通过 $AW=\lambda_{max}W$ 求得 W，然后进行归一化处理，得到相应指标对于上一层次相对重要性权值，最后对判断矩阵进行一致性检验。计算同一层次对教学质量总评价结果的相对重要性，得到综合权重，然后从高层到低层对判断矩阵一致性进行检验。最后根据教学质量评价指标的权重对评价指标进行排序。但层次分析法在应用中也有几点不足：一是判断矩阵的一致性与人类思维的一致性有差异；二是检验判断矩阵的一致性比较困难；三是当判断矩阵不具有一致性时，再要调整成一致性就会比较麻烦；四是检验判断矩阵一致性的标准（$CR<0.1$）缺乏科学依据。

（二）模糊层次法

利用模糊层次分析法进行教学质量评价，就是将教学质量评价指标的模糊概念定量化，然后通过层次分析法来确定指标的模糊权重，构造模糊评价判断矩阵进行定量评判，计算出各评价指标的标准值，再通过教学质量评价模型，运用多级综合评价法，从下而上，经逆向推算进行综合加权，从而得到各参评教师教学质量评价结果。在进行教学参评指标状态量化评价过程中，能够充分保证数据的全面性、客观性和有效性。其过程一般包括建立重要程度的判断考查函数、构建判断矩阵、计算权值等步骤。利用模糊层次分析法进行教师教学质量评价，可以综合多位专家的经验知识，从而保证评价结果的客观、准确与公正。本文根据统计数据对教学质量进行模糊等级划分，并建立了教学质量评价的模糊隶属度函数。对因素的权值采用了综合赋权的方法，从而可以根据实际情况，充分考虑各评价指标的客观属性，具有较好的操作性和实用性。从评价过程可以看出，教师要想提高教学等级，必须提高教学效果，使学生能够真正掌握教师所教授的知识，有效地提高学生的素质和能力。

模糊层次分析法可以克服层次分析法的不足，是一种比层次分析法更科学、简便的方法。层次分析法的优点是在判断目标(因素)结构复杂且缺乏必要的数据情况下,能把其他方法难以量化的评价因素通过两两比较加以量化,把复杂的评价因素构建成一目了然的层次性结构,能有效地确定多因素评价中各因素的相对重要程度,进而进行评价。但层次分析法在进行判断目标的总体评价时,缺乏一个统一的、具体的指标量化方法,因而在实际使用中,应该只采用它进行指标权重的分析,然后用其他方法进行指标值的量化和评价。这就需要将模糊层次分析法与模糊综合评判方法相结合,对高校教师教学质量进行评价,即先用模糊层次分析法计算各指标权重,然后用模糊数学中的综合评价方法进行综合评价。

(三)神经网络法

神经网络是由大量处理单元组成的非线性自适应动态系统,它具有学习能力、记忆能力、计算能力以及智能处理功能,在不同程度层次上模仿大脑的信息处理机理。它可用于预测、分类、模式识别和过程控制等各种数据处理场合。相对于传统的数据处理方法,它更适合处理模糊的、非线性的和模式特征不明确的问题。按照层次化的方法为待测对象建立评测指标体系,首先将顶级指标定义为总体,接着将总体细分为若干子项,如教学管理、教学态度、教学方法、教学内容、教学结构、教学能力和教学效果等七个一级指标,然后进行模糊变换处理,最终得到总体模糊评价。

(四)数据包络分析法

数据包络分析方法(简称 DEA)是评价决策单元相对有效性的非均综合评价方法,正是由于教育过程是多输入—多输出过程,采用 DEA 方法对专业教师的教学质量进行综合评价具有重要的实践意义和可操作性。首先,可构建教师教学质量评价综合指标体系。教学过程受到教师、学生、授课环境等多个方面的影响和制约,实际运用中可从这三个方面构造评价的指标体系,接着对教学质量实体效益进行综合评价,然后对综合评价数据进行分析。

(五)SPA 法

SPA 法是 SPA 集对分析法的简称。其核心思想是把确定、不确定视作一个确定不确定系统，在这个系统中将确定性分为“同一”与“对立”两个方面，将不确定性称为“差异”，从同、异、反三个方面分析事物及其系统，集对分析方法思路简明，方法简便，易于操作。其基本概念是集对及其联系度，集对是具有联系的两个集合所组成的对子，集对分析的基本思路是：在所论问题背景下，对所论两个集合（集对）H（A，B）的特性展开分析，根据分析得到的特性，再得出这两个集合在哪些特征上统一，哪些特性上对立，其余特性上则既不统一又不对立，从而建立起相关的同、异、反的联系度表达式。

（六）因子分析法

因子分析法既能大大减少参与数据建模的指标个数，同时又不会造成信息的大量丢失，能够有效降低变量的维数，并能借助统计分析软件进行计算，而且操作上简单易行。其具体过程或步骤包括建立评价指标、进行评价、计算特征值与方差贡献率，然后得到公因子得分及综合评价得分。

第三节　学习质量评价方法

一、学习质量

学习质量评估与学期研究及学生满意度研究之间存在一定的区别。相关学情研究侧重于陈述大学生学习中存在的事实性状况，并就此提出一些关于教学层面需要改进的措施和意见，但是并没有就所发现的问题从高校教育质量层面进行深入反省和思考，或者从学校立场提出观点和对策，往往只是泛泛地谈及学校应该如何重视学生、引导学生，应该根据学生的表现来对学校的教育行为进行剖析、反思和问责。而学生的满意度评价主要反映的则是高校教育的外适质量和个适质量——高校对学生需求的满足程度，在具备其合理性和价值的同时，我们应当警觉的是，如果仅仅从学生满意度的角度来对高校的教育质量进行评估和诊断，有可能导致高校为提高学生的满意度，在满足学生合理需求的同时，迎合学生不合理的要求，降低学术标准和学业要求，忽视其内适质量的保障。

二、学习质量评价方法

（一）传统的评价方法

根据当前高校教学与管理的特点，并结合我国高校教育发展的要求，陈正德等从定量分析的角度讨论学生学习质量评价方法，并将学生学习质量评价划分为学生学习成绩评价和学生学习效果综合评价两方面，而且认为对学习质量的评价方法多以综合评价为主。

1. 学生学习成绩评价

从教学质量综合评价的角度研究学生的学习成绩，关心的是某个学生集合（例如班级）的学习成绩，其评价的对象是考试成绩。统计分析评价法是利用统计学中的基本概念和方法对学生成绩进行分析，可用统计分析方法对班级成绩进行评价。描述性评价方法是对运用数据资料计算其综合指标值，然后根据综合指标值对教育客观事物给予评价，一般包括平均数评价、标准差评价和标准分数评价。推断性评价方法是根据样本的数据资料来推断和评价总体的性质，通常有差异分析、相关分析等方法。具体来说，就是应用统计假设检验的方法，检验客观事物之间的差异或联系是否出于偶然性，从而对客观事物做出合理的评价。

2. 学生学习效果综合评价

学生学习效果综合评价在评价方法上采取指标体系评价方法，通常包括学生课堂学习情况综合评价指标体系和学生课程学习效果综合评价指标体系。学生课堂学习情况综合评价指标体系包括出勤率、课堂学习效果、自习情况、完成作业情况、相关知识学习、参加科学研究情况、考试成绩等七个指标。学生课程学习效果综合评价指标体系包括学习态度、学习方法、学习成绩、信息与计算能力、阅读能力、科研能力与创新能力、实践能力七个指标。指标加权平均法是目前最为常用的一种评价方法。该评价方法分四步：第一步，确定权重；第二步，计算每张问卷表的综合评价得分;第三步,计算每位教师的课堂教学综合评价得分;第四步,学习效果综合评价,其中又可分为三种评价方式,包括绝对评价(等级判断)、相对评价及动态评价。学生学习效果综合评价的难点是评价指标的设计和量化处理,特别是量化问题,如果量化方法不科学,评价结果的可靠性就差,而模糊综合评价法的使用,是在量化方法基础上的进一步探讨。在具体评价过程中涉及的评价指标很多,为了避免一些重要信息的丢失,同时考虑到评价指标体系的特点,其基本步骤包括以下方面:确定评价指标集,确定评语等级论域和模糊向量,建立模糊关系矩阵,确定评价因素的模糊权向量,进行模糊综合运算并合成模糊评价结果向量,对每位评价对象进行综合评价,对模糊评价结果向量进行分析。

(二)形成性评价

在新课程背景下,将过程性评价理念纳入学习质量评价已经得到了学界的逐步认同与逐渐推广,而基于形成性评价理念的增值评价方法也得到了一定程度的应用。对学生学习质量的评价不仅应关注最后的学习效果,还应关注学习的情态动机和策略过程。学习的过程也是反映学习质量的一个重要方面,因此,相对于终结性的或形成性的测验方式,过程性评价更关注动态的学习表现,有关学习方式等与学习质量有关的内容成为过程性评价的主要内容。在学生学习方式变化的整个过程中,研究者一方面可以通过过程性评价确认学生的学习方式,了解学生的学习结果和学习质量;另一方面应鼓励学生采用深层次的学习方式,如自主探究的学习方式等,进行深层次的学习,从而取得高水平的学习质量。另外,就反映学生智力发展的过程来看,对学生智能发展的过程性成果无法很好地得到反映也成为过程性评价关注的主要内容,具体来说,包括学习策略和学习方法。在学习过程中,以过程性评价作为交流的平台,通过学生之间的相互观察和提醒,可以促进他们不断自我反思,从而提高学生的学习策略和方法水平。与学科学习紧密相关而难以通过终结性评价衡量的智能因素,如口语表达能力、解决现实科学问题的能力、创新能力等,还有通过学科学习而达成的高层次学习目标,如数形结合的思想、正确的科学观等，这是考试测验不能完全考出来的。学业质量的过程性评价大体包括明确评价的内涵和标准、设计评价方案和工具、解释和利用反映学习质量的结果以及反思和改进评价方案等步骤。

(三)增值评价

所谓“增值”(value-added)，就是一定时期大学教育对学生成长和发展所带来的影响，增值评价即测量这种影响的程度。与传统的总结性评价、形成性评价相比，增值评价的显著特点在于它对学生学习起点、过程与结果的共同关注，它考量的是大学教育能够给学生带来的“增值”面有多广。增值越多，大学的教学质量就越高。增值评价主要有以下几种方法。

1. 直接测增值法

该方法主要通过测量和比较学生在两个不同的时间点上(如入学时和毕业时)学生知识和能力的发展来评价大学对学生学习所产生的影响。两次测量之间的差异代表学生学习的增值，以此作为大学对学生成长的贡献度。直接法的优点是提供了一种直接测量大学学习成效的方法，测量结果可服务于多样化的目的，包括关于政策制定、大学自身的改进等。该方法还考虑到了学生入学时的差异，有利于不同类型的大学以此改进自身的评价模式和基准。但该方法也有一定的局限性，许多研究者认为，教学过程给学生带来的增值是多方面的、极为复杂的，不可能通过客观化的测试予以评价，即使有标准化的、全国认可的指标，也是片面的。此外，该方法虽然测量了大学给学生带来的增值，但没能指出大学教学评价改进的具体方法。

2. 间接测增值法

该方法不是直接去评价学生的学习结果，而是测量学生的学习行为、学习经历和教师的教学行为，以及大学在促进学生学习和学业成功方面的相关举措。通过这些中介变量的测量预测增值的结果。该方法一般采用调查法，以学生自我评价为主，调查内容涵盖了大学生就读期间几乎所有的学习行为，包括课程学习、与教师的互动、同学之间的交往、社团参与、如何利用教学条件和各种资源等。该方法的优点是为大学了解自身优势和劣势提供了有用的信息，有利于大学进行自我改进和完善，为大学做出相关决策提供依据，提高大学服务学生的质量，回应社会问责。但间接法不能测量学生实际的学习效果，尤其是学生自我评价的“能力发展”并不能替代客观测量法所测出的结果，还需要与其他类型的数据相互补充。此外，学生自我报告的准确性、可信度等还时常受到质疑。

3. 事后测增值法

该方法不是测量大学期间或毕业时的增值，而是测量学生工作一段时间后高校教育给学生实际工作带来的影响，从而对其大学学习期间的增值进行评价。如通过校友访谈，了解大学教育经历对他们工作和事业成功的影响；通过雇主访谈，了解学生是否具备了工作所需要的知识和技能等。该方法的优点是将人才培养与实际工作有效对接起来，充分考虑了大学教学成效滞后性的特点，避免了单从就读期间或毕业时进行增值判断的片面性，符合大学教学实际；缺点是由于时间长及其他因素的干扰，很难从中梳理出大学本身对学生产生的影响。此外，还涉及校友自我报告的准确性问题。

当前，增值评价面临的障碍主要来自文化和技术两个层面。在文化上，主要是大学对“学习评价”提法的抵触。大学组织的松散性、目标的多样化，教学对象的特殊性、教学成效的滞后性，大学教师工作的自主性、相对自由性等，都与明确目的性、系统性、高效性的评价文化有诸多冲突。因此，增值评价的深入开展还必须寻求评价文化与大学组织文化的契合点。在技术层面，增值评价的测量还面临着很多亟待解决的问题，如学生在大学就读期间的增值有很多维度，究竟应选取哪些关键维度来衡量增值？究竟如何收集质量信息？在测量方法上，尽管上面提到了直接法、间接法和事后法，但几种方法在具体的测试内容、操作和结果应用上还有待进一步完善，几种方法的综合运用、相互衔接还有待进一步探讨。增值评价还面临着如何平衡内部机构改进和外部问责两大目的，如何评价不同大学给学生带来的不同增值等问题。

(四)学习质量评价的 SOLO 法

1982 年澳大利亚教育心理学家彼格斯(John B. Biggs)和卡利斯(Kevin F. Collis)出版了《学习质量的评价——SOLO 分类》一书。SOLO 分类评价理论着重于对学生学习质量的评价。学生掌握知识点的多少只涉及教育评价中量的层面;以知识技能目标分类为标准的评价,关注的是学习内容本身的类型,不能反映学生认知过程的发展水平。针对此问题,彼格斯及其同事提出了全面的学习质量评价体系,它包括对学生学习表现的分析,了解学生达到教育目标和掌握知识、获得能力的状况,即从知识技能目标和学生认知发展过程两个维度对学习质量进行横向和纵向分析。SOLO 分类评价是在学生认知发展过程中,观察其对刺激问题的反应方式,从而发展起来的描述学生学习过程发展的一种模型。多年来,彼格斯及其同事进行了长期的研究和探索,并把 SOLO 分类评价理论付诸实践,在世界范围内取得了一定的影响。

SOLO 是英文"structure of the observed learning outcome"的缩写,意为观察到的学习成果的结构。SOLO 分类汲取了皮亚杰的认知发展理论的合理因素,由皮亚杰对儿童认知发展阶段的关注,转向对儿童在问题反应中表现出的认知发展水平的关注。SOLO 分类的理论基础是结构主义学说,它用结构特征来解释学生反应,确定某种特定反应的层次水平,并将学生的学习结果划分为以下五种结构或五个层次,包括前结构反应、单一结构反应、多元结构反应、关联结构反应和扩展抽象结构反应。SOLO 对学习反应的结果进行分类,而不是对学生进行分类。在此基础上,研究者需依据 SOLO 分类来开发相关测试工具,其步骤有:①研究学科课程目标和 SOLO 分类的理论;②制定多维学科测试细目表;③命题;④预测;⑤分析预测的信度、难度、区分度;⑥修改、确定测试卷,SOLO 分类测试的结果分析。按照 SOLO 分类方法,预设的认知结构水平在测试工具的开发阶段已经完成,测试完成后,根据学生对测试问题表现出的实际反应,划分和确定学生认知的实际结构水平。以数学测试为例说明,首先以 SOLO 分类的各结构水平特征来确定题目的估计难度,测试完成后,统计测试中各题的实际难度,对估计难度与实际难度不一致的题目做出标记并进行分析,将造成不一致的原因简要列举在“说明”栏中。依据SOLO分类反映学生能力水平的差异和变化,比较有效的方法是在两个年级的测试题中,采用一些完全相同的题目(称为锚题),通过两个年级学生分别对同一问题的反应分析比较,推断出学生的能力发展变化情况。

总的来看,SOLO水平是以材料的复杂性为尺度的,不仅定量地考查学习结果,而且关注学习质量。从前结构水平到扩展抽象结构水平,SOLO分类法提供了一种依据递增的结构来测量学习质量的方法,它不是通过测试题目对学生进行分类,而是把不同的学生指向不同水平的再认知。

第四节　心理质量素质评价方法

一、大学生心理质量/素质

(一)大学生心理质量/素质的概念及基本特征

心理素质及其教育于20世纪80年代中期开始受到我国心理学界的关注。通过几十年的研究,心理素质及其教育现已成为教育心理学研究的重要领域,积累了大量关于心理素质及其教育的研究资料。已有研究表明:心理素质是学生素质结构中重要的组成部分,心理素质教育在整个素质教育中占据核心地位,是全面发展教育的重要内容和归宿。

首先,心理素质概念具有以下几层含义:①整体性。心理素质是心理品质的综合,有的认为是静态组合,有的认为是动态整合。②结构性。心理素质是按一定心理规则建构起来的组织结构。③基本性。心理素质是人内化了的、稳定和基本的心理品质。④差异性。心理素质反映人的各个方面、各个层次心理特征的个别差异。⑤交互性。心理素质是先天因素和后天努力交互作用的结果。

其次,心理素质结构具有以下几个特点:①多成分。心理素质由多种心理成分构成，既有认知成分，也有非认知成分；既有心理能力成分，也有心理健康和社会适应成分；既有情感和动力成分，也有自我成分。②多层次。心理素质由各个层次的心理成分构成，既有特质层次，也有行为习惯层次；既有品质层次，也有潜质层次。③结构与功能匹配。心理素质作为内隐的心理结构，也外显地展现在个体的心理健康功能、社会适应功能和创造发展功能的发挥过程中。

(二)大学生心理质量/素质的影响因素

1. 自身基质生物因素

人类个体的身心构成是由形成人的遗传密码的数量、质量和结构决定的。人的身心结构方式是形成个体心理素质的基质力量，它在诸多客观因素的作用下形成人的原型自我——心理定型。近年来研究较多的是，母亲怀孕时的情绪和分娩状况也会对子女后天的心理健康产生影响。当母体情绪出现波动时，自主神经系统激活内分泌腺，使其分泌的激素直接进入血液，使母体产生在正常情绪活动状态时不可发现的许多特征。同时，这些激素能通过脐带传递给胎儿，使胎儿也产生相应的情绪特征。追踪研究发现，母亲怀孕期间长期高度情绪不稳定，会导致胎儿自主活动水平高，出生后适应环境能力比其他儿童困难，且多有多动、贪吃、爱吐、哭闹和不安蠕动习惯，并且还有长期影响作用。另有研究表明，早产儿和分娩时缺氧的婴儿，更可能有情绪和智能上的问题。

男女两性的心理素质也存在差异。研究发现，在心理健康、人格、忍耐力、凝聚力和自我满意方面均存在性别差异，但在自尊心水平方面，男女差异无显著性，在焦虑敏感性方面，男女也不同。一般认为，焦虑主要与身体、社会和心理三方面因素有关，女性焦虑主要与身体因素有关，而男性主要与社会和心理因素有关。有学者发现，对于难以忍受的压力，女性比男性更喜欢表达出来。在愤怒的表达方式方面，男女也存在差异，女性更易选择讨论和表达的方式，且比男性的抑郁症状和神经官能症的发生率高；男性更易受孩童时代父母亲丧失的不利因素影响。

2. 家庭父母因素

家庭是孩子的第一所学校，父母是孩子的第一任教师。由于父母在早年的生活中是最有意义的社会支持者，因此父母的爱护和关心对他们整个一生在生活和心理学健康方面都具有十分重要的意义。孩子的智力开发，即观察注意能力、感知记忆能力、思维想象能力等是在家庭中开始的。与此相适应，其意向控制，如兴趣的浓淡、意志的强弱、性格的倾向、道德品质的好坏等也都是在家庭氛围中形成的。因此，家庭中父母的心理状况、文化程度、智力水平、道德品质、办事原则等对孩子的心理素质形成有重大影响。对独生子女溺爱的情感方式使孩子一旦离开父母和家庭的怀抱便失去了赖以生存的"乳根"，形成对社会环境、人际关系的恐惧感和冷漠感。这时的大学生最需要新环境、新氛围的温暖，需要他人的关怀与照顾，而这时的班集体等新环境都刚刚形成，每个成员都在经历着人生新阶段的考验，都在由被保护对象向自我保护、自立、自尊和自为方面转变，基本上都处在自顾不暇的状态。

3. 社会环境因素

社会的变化、生活节奏、社会风气等也是影响青少年心理健康不可忽视的因素，随着社会竞争意识增强和生活节奏的加快，人们的心理压力也逐渐加大。一部分人会因为感到难以适应未来世界的变化而产生心理危机和不适应。这对青年大学生提出了更加严峻的挑战，因为他们不仅要适应时代的变迁，还要适应自身的发展。

在所有的社会环境因素中，师生间的教育环境，尤其是教师在促进学生心理素质发展上起着较为关键的作用。高校学生生活具有寄宿性、常住性的特点，学生的归宿由家庭转向学校，学生的心理寄托由家长转向教师。因此，高校教师自然地成为学生模仿、学习和崇拜的对象，榜样具有无穷的力量，学生在有意或无意中模仿心中的榜样。

另外，网络文化也对大学生的认知、情感和意志等心理素质产生了积极或消极的影响。譬如，网络信息的丰富性有助于培养大学生思维的广阔性和批判性；通过访问心理健康网站调节情绪。心理健康网站提供了大量的心理健康知识，有助于大学生解决心理上的一些困惑和问题，减轻压力，提升心理素质；在利用网络学习、交流过程中遇到网络技术上的困难时，经常要靠大学生自己去独立解决，这对培养大学生的独立性、坚定性等良好的意志品质有很大的帮助。

二、心理素质/质量测量工具

目前国内关于大学生心理素质测量工具的选用呈现出两种趋势：一是使用成型的、公认有较好信度和效度的相关量表施测，如临床症状自评量表(symptom check list 90，简称 SCL-90)、卡特尔 16 种人格因素问卷(sixteen personality factor questionnaire，简称 16PF)等。使用这些测量工具的明显缺陷是：①它们只能测查心理素质的某些成分，如心理健康状况、人格特征等，即使把几种量表结合使用，也只是一个拼盘，无法反映出大学生心理素质的整体结构；②它们都不是专门针对大学生群体编制的，无法考虑到大学生的特殊性。二是自编相关量表或问卷进行测查，如大学生心理问题量表、大学生非智力因素测查问卷、大学生心理健康量表等，这些量表的编制虽然考虑到中国大学生的心理特点及其文化背景，但它们多是针对大学生的某种心理状态(如心理健康、心理问题)或心理结构成分(如人格、非智力因素)而编制的，忽视了大学生的整体心理素质结构。教育部社政司组织国内心理学专家编制了大学生心理健康测评系统，从人格、应激、适应、症状四个方面测查大学生心理健康的全貌，但题项多，容量大，操作起来比较耗时，且没有系统分析四个分量表之间的关系以及各自的功能。另外，心理健康和心理素质尽管有密切联系，但二者的差异还是显而易见的。

三、心理素质/质量评价方法

(一)描述性评价方法

描述性评价方法大体包括以下三个步骤：①确定相关测量工具。国内学者在对大学生心理素质进行测量时所选工具大体有以下四类：单独运用人格量表进行测量，所运用的人格量表主要为卡特尔 16 种人格因素测评量表(16PF)，艾森克人格测评量表(EPQ)，大学生人格健康量表(简称 UPI)和明尼苏达多相人格测验(MMPI)等；单独运用心理卫生量表，最常用的心理卫生量表是 SCL-90；将人格量表和心理卫生量表结合使用；自编问卷进行调查。②确定调查对象。选择不同类型、不同性质学校且不同年级、不同来源、不同专业的学生若干名。③进行描述性统计分析。可考虑就调查对象的性别差异、学校类型差异、家庭来源差异、专业类型差异、年级差异等各个方面进行分析比较，通过方差分析，主要进行 T 检验和 F 检验。

(二)结构方程评价方法

结构方程评价法与描述性分析法的相同点在于二者均需要确定测量工具，均需要确定调查对象；不同之处在于结构方程评价法主要探讨影响心理因素的因素及各因素间的关系，相对而言，其方法更为复杂。其步骤主要有：在选定测量工具和研究对象并回收数据后，首先对影响因素间及各影响因素与心理素质间的关系进行相关分析，得到相关矩阵；在此基础上，进一步进行回归分析，就各影响因素对心理因素变量进行回归，通过 F 值和 P 值来考查影响因素的显著性及影响力的大小，同时可进行影响因素的删减或增加。为了进一步验证各影响因素变量与心理素质各变量间的关系，可采用 LISREL 和 AMOS 等统计软件对心理素质与影响因素之间的关系进行结构方程模型分析。在构建结构方程模型时，心理素质作为外源潜变量，影响因素作为内源潜变量，其他显变量可作为内源潜变量的内源标识。可考虑事先设定多个模型进行评价，通过模型比较得到一个可以接受的相对有效和节俭的模型，根据结构方程模型的构建思路，在模型设定中提出有关路径系数的相关假设，在模型拟合中可考虑采用最大似然法估计得到各拟合指数。

(三)AHP 模糊综合评判法

该方法主要包括三大步骤：①构建量化指标体系。在运行体系已实现层次结构模式的基础上，将有关的各个因素按照不同属性自上而下地分解成若干层次，同一层的诸因素从属于上一层的因素，同时又支配下一层的因素或受到下层因素的作用。可参照国内各高校关于大学生心理素质测评的基本情况，把大学生心理素质划分为若干个一级指标、若干个二级指标和三级指标，进一步对素质测评指标体系进行层次构建。②利用FAHP法确立权重系数。首先从层次结构模型的第二层开始构造成对比较阵，对于从属于（或影响）上一层的每个因素和同一层诸因素，用成对比较法和1～9比较尺度构造成对比较阵，直到最下层。计算权向量并作一致性检验，对于每一个成对比较矩阵计算最大特征及其对应特征向量，利用一致性指标、随机一致性指标和一致性比率作一致性检验。若检验通过，特征向量即为权向量；若没通过，需重新构造成对比较阵。计算组合权向量并作组合一致性检验，计算最低层对目标的组合权向量，并根据公式作组合一致性检验，若检验通过，则可按照组合权向量表示的结果进行决策，否则需要重新考虑模型或重新构造那些一致性比率较大的成对比较阵。然后构造判断矩阵，对所有判断矩阵进行综合，得到专家群体判断矩阵。③用模糊综合评价方法对学生的综合素质进行评价。首先，确定评价评语；然后，构造判断矩阵，接着计算一级综合评判值，并建立二级综合评判模型；最后，分析模糊综合评判结果。

第六章　高校内部教学督导队伍的建设与管理

第一节　教学督导成员、责任与义务

一、校长的责任与义务

(一)校长的教学督导职责

1.执行教育方针政策

作为学校教学督导领军人物，校长应全面贯彻执行党和国家的教育方针、政策、法规，自觉抵制各种违反教育方针、政策、法规的倾向。

校长在任期间，应统筹协调各项教学管理工作，坚持按照教育规律办学，坚持社会主义办学方向，不断提高教育质量，重视培养德、智、体全面发展的社会主义事业的建设者和接班人。

2.执行领导与干部政策

高校校长是高校各项教育教学管理工作的把舵人，高校教育教学活动的开展、教育教学质量的高低都取决于校长的教育教学管理能力、作风，校长应认真执行党的知识分子政策和干部政策，依靠党组织，积极做好教师和职工的思想政治工作，团结、依靠教职工。

校长应重视教师队伍建设，组织教师学习政治与钻研业务，不断提高教师专业执教能力，注意培养教师骨干，努力建设又红又专的教师队伍。

在教育教学督导工作开展过程中，校长应自觉接受党组织的监督，发扬民主，重视学校教学督导工作的科学、高效开展。

3.全面主持学校工作

高校校长是高校教学活动的重要领导者，从宏观方面指挥与管理学、校的各项教育教学工作，具体来说，在学校各项工作领导中，校长具有以下基本职责。

(1)领导和组织德育工作。坚持教书育人、管理育人、服务育人、环境育人的工作方针。

(2)领导和组织教学工作。坚持学校工作以教学为主，按照国家规定的教学计划、教学课标，开齐各门课程，做好教学管理。

(3)深入教学第一线，了解一线教师的教与学生的学的具体情况，不断提高教学质量。

(4)领导和组织体育、卫生、美育、劳动教育工作及课外教育活动，确保学校各项教学活动有序开展。

(5)领导和组织总务工作，贯彻勤俭办学原则，坚持总务工作为教书育人、为教职工服务的方向。

(6)严格管理校产和财务。

(7)重视校风建设。

(8)关心学生和教职工的生活。

(9)配合党组织，支持和指导群众组织开展工作。

(10)发挥学校教育的主导作用，促进学校—家庭—社会教育的有机结合，促进良好育人环境的建设。

(二)校长的教学督导义务

高校校长作为高校内部教学督导队伍的领头人，在教育教学督导工作的开展过程中应明确自己的以下义务。

1.贯彻落实国家教育方针

教育方针是学校工作的指南针，它指引着学校工作的方向，体现着对学校教育工作的要求，校长必须积极贯彻落实国家教育方针，把教育方针所要求的内容根据学校的实际情况贯彻于各个部门、各个环节的工作中。

高校各项教育教学工作的开展，每一个工作环节，各相关人员的素质和觉悟并不都能达到较高的标准，也并不总能在本职工作过程中始终保持高标准的严格要求，对此，校长应积极“指引”和“要求”，通过校长的一系列工作产生作用，推动各项教育教学工作的逐一落实。

一位好校长，应该能深刻体会教育方针的精神实质，能使学校全员为了一个预定的目标协调地工作，能把高校各个部门、每一个教学工作者和相关工作人员的工作积极性调动起来，为完成教育方针规定的工作任务齐心协力地工作，推动各项教学工作的持续、高效开展。

2.履行学校行政领导义务

高校校长是由上级教育机关任命的，受党和国家的委托，对学校行政工作全面负责。校长对学校的行政领导是运用教育法规，行使教育行政职权，通过指挥和说服影响学校组织的群体与个体，实现行政目标的活动。

校长的学校行政领导包含两个层面的含义：一方面，从学校权力运用、规章制度的执行角度分析，校长要通过命令、指挥，采取行政措施，行使行政职权推动各项工作开展；另一方面，校长从人际关系、感情等层面对学校组织及其成员施加影响。

具体来说，校长在行政领导中具有以下基本义务。

(1)全面贯彻党和国家的教育方针，执行上级指示，领导和组织教学工作、思想政治教育工作、体育卫生工作。

(2)领导总务工作，关心师生生活，保护师生健康，培养与提高教师素质，管理人事工作等。

(3)校长自身应不断提高与丰富学识、阅历、领导风格、领导能力、待人接物和处世能力及其魄力。

(4)校长应善于运用各种有利因素与方面实现行政管理目标。

3.履行学校决策义务

高校教学工作内容复杂，各项教学工作烦琐，并且需要长期开展，面对这一个庞大的系统工程，校长应做好系统的整体规划设计。

校长作为学校工作的规划与设计者，是学校的远景规划、近期发展的决策者，学校的办学特色、校风建设也是由校长决定的，学校的机构增减、人员安排同样是由校长决定的。

在高校各项教学工作开展中，校长经常运筹宏观问题，设计学校的总体工作的进程及质和量的标准，各项工作的具体实施依赖于领导者和被领导者双方的自觉活动，校长的自觉活动居于主导地位。学校集体在形成之前，校长首先要对其进行“设计”，以形成观念上的蓝图，然后物化为现实的集体组织机构，并考虑如何调动被领导者的积极性。

4. 组织和指挥学校工作

学校工作是个有机整体，必须有一个着眼于全局的组织者和指挥者来协调各方面的工作，这个组织者和指挥者就是校长。

学校中的人、财、物怎么调遣，怎么配备，怎么组合，以及各项大型活动怎么进行，都取决于校长。以校长为首的领导人员是学校集体的“灵魂”，没有组织机构和校长，就不能称其为学校集体。

校长对集体的组织是实现集体目标的基础。校长在集体中建立科学的管理系统，协调各方面的关系，监督、控制实施的过程，形成和谐的人际关系和融洽的心理气氛，形成健康的舆论和健全的规章制度，激发教职工的工作热情与积极性，落实各项工作。

5. 履行育人义务

校长角色是由学校教育工作的性质、特点和任务所决定的。校长和教师的角色具有同质性和相关性，他们都是教育者。

从教学角色而言，校长主持学校的全部工作，其中最基本的工作是教学，在高校教学管理中，校长的任务是选择教师，分配教师的教学工作，所以校长也应和教师一样，应该履行好育人的义务。

从学生的角度来看，在学生心目中，校长是德才兼备、众望所归的理想形象。学生和教师交往比较频繁，认识教师更为真切，不会把教师“理想化”；而对校长，由于交往较少，学生往往容易根据自己的想象，把校长“理想化”“神秘化”，把校长当作教育界的领袖、权威人物。校长是师者之师，校长必须在任何教学工作开展中都要把“育人”目标放在首位。

二、督导专家的责任与义务

教育督导的工作性质决定了督导员必然要求教学经验丰富的教授或专家担任，一些专家在教学工作研究上可能存在学科上的专业性，同时，也有一些优秀教师成长起来的专家，这些优秀教师往往有一定的行政职务或其他原因不适合从事督导工作，督导员的选聘难度较大。①

督导专家的选聘十分困难，这是因为教学督导对专家的要求较高，在教学督导过程中，相关学者与专家应做好“督”“导”工作，在“督”“导”工作中，明确“督”“导”职责并认真履行自己的“督”“导”义务。

在具体的学校教育督导工作开展过程中，教学督导专家应注意“督”“导”相结合，具体来说，应做好以下工作。

(1)充分发挥监督、检查和评教的职能。

(2)注重对教学问题的有效引导。

(3)专注教师教学中存在的不足。

(4)肯定教师的优秀工作，适时与教师交流沟通，引导并协助教师解决在教学过程中出现的问题。

(5)与教师之间应是和谐、平等、合作、信任的关系。

(6)督要严格、导要得法、帮要诚恳、评要中肯。②

三、督导教师的责任与义务

在高校教学督导队伍中，会有一部分优秀的教师被吸收到督导队伍，成为教学督导小组的重要成员。

一般来说，高校教学督导队伍中的教师往往分为两类：第一类是退休老教师组成。老年督导存在体质差，精力跟不上，缺乏创新，在一定程度上影响教学督导的质量。第二类是在职青年教师。他们的教学阅历尚

---

① 胡文静，徐健全.高职院校教育督导现状及对策研究[J].江西化工，2019(4)：298.

② 王志敏，姜威，梁叔阳.浅议高职院校教学督导体系构建存在的问题及对策[J].河北旅游职业学院学报，2015(1)：95－97.

浅，权威不足，但敢于创新。目前来讲，教学督导队伍中的年轻督导员非常少，这主要是因为年轻督导员认为各方面存在着不尽如人意的地方，不敢大胆提出问题，发表见解，影响督导质量。[①]

督导教师在教学督导工作中的责任与义务具体包括以下几方面内容。

（一）提高自身的政治业务水平

教师应不断提高自身的政治业务水平，因此必须认真学习马克思列宁主义、毛泽东思想、邓小平理论、“三个代表”和科学发展观等重要思想，“不忘初心、牢记使命”，认真贯彻执行国家的教育方针政策，忠诚于社会主义教育事业。

（二）提高自身专业素质与能力

教师要认真执行国家有关法律法规、制度和课程标准，并从实际出发，按具体条件制订各种工作计划，努力上好每一节课。高校教师须精通教育类知识，全面掌握专业知识与技术。

教师应不断提高自己的教学能力与专业素质水平，做好学生的表率，如此才能影响学生，将丰富全面的知识传授给学生。教师必须努力掌握增进学生身心健康的手段和方法，保质保量地完成教育教学任务。

（三）教书育人，促进学生身心健康发展

教师是大学生掌握科学学科理论知识的授业者，是精神文明的教育者和传播者，是发展培养和输送优秀现代人才的启蒙者。教师应履行好教书育人的基本职责与义务。

高校教师的出发点和归宿就是全面促进大学生身心健康。教师在高校教学中应坚持改革、深入钻研、不断创新，不断提高教学质量，增强大学生的知识、技术和技能，激发大学生的学习兴趣和发展大学生的个性，最终实现教书育人的目的。

---

① 何叶.浅析高职院校教学督导队伍现状[J].科技经济导刊，2019，27(24)：155.

(四)进行教学研究和科学研究

教育教学研究能力是高校教师的必备素质。教育研究是高校教师作为专业人员的一种专业生活方式,他自己创造着自己的专业生活质量,这是高校教师在专业自主性和自主能力方面的重要表现。

教师的研究能力表现为对自己的教育实践和周围发生的教育现象的反思能力,善于从中发现问题,发现新现象的意义,对日常工作保持敏感和探索的习惯,不断地改进自己的工作并形成理性的认识,积极探索教学规律,总结教学经验,不断完善教学。

第二节　教学督导机构的构成

一、教学督导机构的组织结构构成

目前,我国综合性高校大多采取实行校院两级教学督导体系,分校级教学督导和院级教学督导两部分。

一些高校的教学督导机构的具体管理机构名称不同,如校级督导、质量控制中心(院级),分工也不同。

校级督导负责对全校的教学秩序、专业建设、课程建设、教材建设、师资队伍建设、实训基地建设和教学改革等工作进行全面督查与指导。

院级督导由各二级学院院长分管,开设学科课程教学、进行教学设施和教学环境督查,以及期初、期中和期末教学检查,保证日常教学秩序与常规教学质量符合学校相关教育教学要求。[①]

二、教学督导机构的功能构成

(一)领导作用

高校教学督导机构在高校教学管理中对各项教学管理工作、具体教

① 顾琚.高职院校督导体系的构建[J].轻纺工业与技术,2019(7):150.

育教学行动和活动的开展起到了重要的领导作用。

在高校教学督导机构中，校长发挥着领头人的作用，但校长一个人的能力总是有限的，高校教学工作需要整个教学督导机构成员的共同努力和集体领导，以便于集思广益，发挥每个人的聪明才智，形成集体的智慧，为高校各项教育教学工作的开展发挥指导、指挥作用。

在学校管理活动中，当管理者遇到重大问题或难以解决的问题时，可以通过一定的方式听取领导班子其他成员的意见和建议，实行正确的决策，避免个人主观片面性，减少工作失误。

（二）导向作用

高校教学的发展需要相关领导者从整体上做出规划与设计，高校教学督导机构发挥着重要的教学工作导向作用。

在高校教学工作开展中，教学督导机构以集体智慧制订出关于高校教学运行与发展的明确的、统一的目标，即学校的办学目标和管理目标，每个成员对学校目标有着较强的认同感，而且各自根据岗位职责把它分解到自己的工作目标中，然后借助一些管理手段再把目标分解到每个教职工的工作目标中去，在管理活动中带领广大教职工去实现目标。

高校教学督导机构通过对下属各部门的领导，以及发挥督导机构成员在各自兼任部门的重要职能作用，做到高校教学领导管理工作的层层分解、环环相扣，使学校办学总目标落实到全体教职工的实践工作中，从而发挥出高校教学管理目标导向作用。

在教学督导机构内部，每一个督导成员都是督导小组中非常重要的成员，在学校教学督导领导集体中是某一方面的业务骨干，其政治思想道德素质比较高，业务能力比较强，就会对教职工的思想观念、工作态度、教育行为起到示范和表率作用。因此，不仅仅是从具体的教学工作指导与实施上，教学督导领导班子的集体政治素质、精神、作风，也对学校教学具有重要导向作用。

（三）凝聚力作用

高校教学督导队伍在整个高校教学工作中发挥着重要的领导、导向作用，是学校教育集体的核心。

要认真贯彻党与国家的教育方针、切实执行本校的教育教学决策，就必须通过教学督导机构发挥其最主要的核心作用，即凝聚力作用，把全校的教职工凝聚起来。

(1)在教学督导机构领导下，应使每一个教育者认同学校工作目标并使个人工作目标与学校工作目标保持一致，形成目标一体化的力量。

(2)在教学督导机构领导下，应使每个成员之间心理相容，尤其是领导与群众之间要心理融洽、彼此信任、相互尊重、相互支持。

(3)在教学督导机构应对广大教职工和学生能够产生较强的吸引力，使教职工自觉服从领导，主动接受领导交给的任务，高效完成教与学的任务。

三、教学督导机构的成员构成

(一)专业结构

为更好地实施高校教学管理决策，推动高校教学活动的顺利开展，教学督导机构成员应是各个方面的“专家”，优秀的教学督导团队能按不同管理职能的需要把各种专业特长的领导个体进行合理组合，形成一个合理比例，使具有各种专长的领导者相互调剂、相互补充。

在教学督导机构中，机构中的各成员要在职责与素质上体现出单个成员的“一专”和领导集体的“多能”，举例如下。

(1)教学督导机构中的成员既需要有专长于做德育工作的，又要有专长于做教学业务的。

(2)教学督导机构中的成员既需要有专长于理科教学的，又要有专长于文科教学的。

(3)教学督导机构中的成员既需要有专长于行政人事工作的，又要有专长于党务工作的，还要有专长于总务工作的。

一个高效的教学督导机构，其成员的素质构成与专业化组合、优化是学校领导集体的重要因素，因此，应重视教学督导机构成员专业素质的考察与培养，以更加专业地去应对教学中出现的各种问题。

在这里必须特别指出的是，教学督导机构中各成员的素质专业化并不等于专家化，专家化仅是表明了一个人所从事的某一个领域的专业特长，并不直接表明是否具有从事某方面管理的专长，正如学术上的权威不等于管理上的权威，某一学科教学专家并不一定能成为一名好校长一样。因此，学校领导干部的专业化不仅指是否具备什么样的专业特长，而且包括是否具有现代学校管理或从事某方面管理的专长。

对于现代高校教学督导机构的建设与成员选拔，在优化教学督导集体的专业结构组合的时候，首先要考虑教学督导机构成员具有什么样的现代科学管理专长，而非仅考虑某方面业务的专长。

(二)知识结构

教学督导工作是一项内容繁杂、范围广大的综合性劳动，每一个教学督导机构的领导成员都必须具有比较全面而丰富的知识才能做好工作。教学督导班子的成员应具有较高的科学文化知识水平，并且各成员之间能进行合理的组合，以相互补充、相互促进。

作为高校教育教学管理的总领导机构，教学督导者更应具有较高水平的科学文化知识，否则就难以树立教学督导机构的专业性与威信，不能挑起高校教育教学管理的重担。

教学督导的各成员在“一专”的基础上，应普遍了解与掌握以下知识。

(1)系统的马克思主义理论知识。

(2)熟悉有关的教育方针、政策和法律法规。

(3)有比较广博的科学文化知识。

(4)懂得基本的教育教学和管理理论。

(5)具有一定的教育实践经验。

(6)至少擅长一两门学科的教学。

就个人的知识与素质结构来说，一名教学督导者不可能掌握所有的学科专业知识，也不可能精通所有学科的教学，更何况学校教育是对学生进行的多学科、多方面素质的综合性教育，因此，作为教学督导机构的成员与学校教学管理者，教学督导人员必须具备尽可能多的教育知识，同时整个教学督导机构还必须将各种不同知识与能力进行汇总、整合。

在高校教学督导机构中，作为校长、分管教学的副校长、教务主任等教学督导成员，必须对所有的学科教学进行管理。显然，不能单靠某领导者一个人的力量，而必须建立一个具有合理的知识结构的领导集体，使领导集体具有多学科的综合知识，包括社会科学、自然科学、思维科学、管理科学等。通过领导集体的集体领导，对高校各学科教学进行管理。

高校教学督导机构是一个教育教学管理职能完善的学校内部教育管理机构，在学校教育主管领导的组织下，通过构建分管教学校长、教导处主任、各学科教研组长的领导集体，优化知识结构，实现高效的教学管理，即使教学督导机构中的某个人员不能精通所有学科教学，但整个高校教学督导机构也能对所有学科教学实施有效管理。

(三)学历结构

学历反映了一个人受过专业训练的程度，专业反映了一个人曾接受过什么样的知识、技能和能力教育。学历结构是教学督导集体知识结构的一个重要标志。世界上许多国家选拔校长时都注重对校长学历的审查。

目前，我国规定小学校长必须具有中等师范以上学历，中学校长须具有大专以上学历。

在高校教学督导机构成员中，不仅对作为主要领导人的校长的学历有较高的要求，对督导机构的其他成员的学历也有一定的要求标准，各成员之间的学历结构比例应合理。

但是也应认识到，学历并不能完全概括个人的能力。人才科学研究认为，一个受过大学教育的人，其一生所掌握的知识中只有20%是在学校中获取的，而80%的知识是在工作实践中不断学习积累起来的。因此，优化教学督导集体的知识结构，不能只注重学历和在学校中所受的专业训练如何，应注重每个领导成员实际的知识水平。

还必须认识到的是，每个领导成员的结构水平是不断变化的，教学督导集体的知识结构也并非一成不变的。根据这一特点，应注意领导集体成员之间的岗位流动和每个成员的学习进修，实现知识结构的动态优化，以提高每个成员的知识素质。

(四)年龄结构

年龄是人的生理、心理功能的标志，而且也是人的知识经验的标志。从人的大的发展趋势来看，年龄与个人的知识、智力、经验、阅历等的发展存在一定的正相关关系，不同年龄阶段的人，其知识经验、智力能力、精力体力等方面各表现出某些方面的优势和劣势。

例如，老年人有丰富的阅历、广博的见识、沉稳的个性、独立的思维等；中年人有成熟的思维、深刻的见解、坚韧的毅力、开拓的胆略等；青年人有充沛的精力、敏捷的思维、活跃的思想、创造的热忱、喜欢攻坚的个性等。

从年龄与个人综合能力与素质水平及构成来看，老年人与青年人各有劣势，如老年人精力缺乏，记忆力衰退，反应迟缓等；中年人生活、工作、思想负担太重等；青年人有时好冲动，缺乏稳健等。

高校教学督导机构成员之间应该有合理的年龄结构比例，既要有年长的教育教学管理经验丰富者，也需要不断吸收年轻的具有创新思维与意识、接受新事物快、能紧跟时代与社会发展动态的年轻教员与教学管理者，教学督导班子的年龄状况关系到教学督导者个体和群体的创造力、生命力以及学校教育事业的继承与发展问题。

目前，我国多数高校的教学督导队伍仍然以退休教师或有丰富教学经验的兼职教师为主体组成，但是必须认识到，教学经验丰富或教学效果突出不等于教学督导能力优秀，督导专家往往容易站在教师角度去评价教学，离职后对新的教育教学理念的学习和了解机会不断减少，可能出现对新理念、新要求、新目标的理解不到位等现象。[①]

---

① 郑秀英，崔艳娇，孙亮，苏海佳.“以学生为中心”的高校教学督导工作探索[J].教学研究，2019(5):44.

因此，优秀的学校教学督导机构应由老、中、青不同年龄阶段的个体按一定比例构成，科学合理的年龄结构应为年长者搞好传、帮、带，中年人“挑大梁”，青年人当先锋。

第三节　教学督导人员的选聘、培训

一、教学督导人员的选聘

高校教学督导员在选聘时应充分考虑专业因素，按学院的专业设置合理安排督导人员，并有针对性地分配督导员。①

选聘教学督导人员，应以教育教学管理经验为主要参考，在此基础上注意以下两点。

第一，教学督导人员的选聘，要对备选人才的管理能力、智力能力、领导能力，以及知识水平与专业素质水平等有所考量。

第二，教学督导人员的选聘，应充分考虑到备选人才的各方面（年龄、知识、学历等）与现有的整个教学督导团队是否匹配。

二、教学督导人员的培训

（一）培训形式

对教学督导人员的培训，常见的培训形式主要有以下几种。

1. 培训班

当前，我国教学督导人员培训最常用的形式之一就是培训班，具体培训操作即将受训的教学督导人员组建成教学班，面对面教学培训。

培训班的形式有很多，主要有专题讲座、短训班、讲习班等，这种形式的培训特点如下。

（1）培训容量大。

① 胡文静，徐健全. 高职院校教育督导现状及对策研究[J]. 江西化工，2019(4)：299.

(2)信息密度大。

(3)计划性强等。

(4)适合各类职务、新成员、骨干人员的培训。

2.研修班

研修班培训形式主要是通过组织部分教学督导人员集体展开对某些学校体育教育问题或某一主题的研讨。

和培训班相比,研修班对教学督导人员的素质要求较高,必须有较丰富的实践经验和一定的教育理论素养才能参加,否则难有良好培训效果。

研修班的培训方式主要是通过集体探讨问题,相互交流,总结经验教训,提高能力,促进督导人员之间良好关系的建立。

3.个别指导

个别指导培训形式是借鉴传统的“师傅带徒弟”的方式,增强新教学督导人员的学习动力和条件,较快地提高他们的综合素质。

个别指导培训具有以下特点。

(1)能清楚地掌握培训进度。

(2)有利于培训者和被培训者集中时间与精力参与培训。

(3)培训更有针对性。

4.教研培训

教研培训是对教学中的问题或专题进行讨论、观察以及教学分析,通过点评来提高教学督导人员的发展。

教研培训形式需要将学员分成若干小组对课堂中发现的问题进行讨论,主讲教师积极引导讨论,渗透知识、精神、作风。

5.课题研究

课题研究是将自学、研讨、试验、经验总结等有机结合起来,从而使教学督导人员科研水平和综合能力有所提高。具体方法有以下几种。

(1)课题研讨。

(2)理论学习提升。

(3)教学研究。

6. 教学考察

教学考察培训，具体是通过考察其他院校，借鉴有效和成功的经验来提高本校教学督导队伍人员的素质水平与能力水平。

(二)培训模式

教学督导人员培训模式是在学校领域内，提高教学督导人员思想政治素质、教育教学能力、有效地提高学校教育教学质量为主要目标的教育训练活动的方式组合及其相互关系。

常见的教学督导人员培训模式如下。

1. 岗前培训

教学督导岗前培训的培训对象是新教学督导成员。教学督导岗前培训的途径主要有两个。

第一种途径，脱产培训，这一途径的培训任务一般都是由教师进修学校或专业培训机构与院校部门承担。

第二种途径，校内由本校组织学习提高，常见的有组织培训班，指定老教师传授、帮助、带动等。

2. 校本培训

校本培训是以校长为第一负责人，以教学督导人员在工作中学习为基本特征，把培训与教育教学、科研结合起来的一种培训模式。

校本培训具有以下优势。

第一，校本培训的针对性较强。将学校和教学督导人员的实际需求作为出发点，切实、紧密地与校情和教学管理工作相结合。

第二，在终身学习氛围的创造、培训时间和受训教师覆盖面的无限提高和拓展方面有其独特价值。

第三，能很好地优化学校现有的信息资源、技术资源、人力资源、管理资源等各种资源。

第四，紧密结合教育科研与教育教学实践。

3. 院校培训

院校培训主要指短期进修培训，短期进修培训的特点是时间较短，运用起来也比较灵活。

依据培训目标的不同，短期培训可以具体划分为很多种，如专题研究培训、计算机全员培训、骨干培训、岗位培训等。

(三)培训内容

对教学督导人员的培训内容是多方面的，从教学督导人员培训的角度来说，培训课程体系的设置是以当前的高校教育教学对教学督导人员新的期待为重要依据的。

此外，对教学督导人员培训课程内容的选择以优化与提升教学督导人员实施素质教育的能力为主要指导方向，基本内容如表8－1所示。

表8－1　教学督导人员培训课程的体系及内容

序号	课程类型	课程内容
1	职业道德修养类	教学督导人员职业道德的时代内涵、教学督导人员价值的自我实现与幸福感等
2	教育理论类	课程理论、现代教学论、发展心理学、教学论等
3	现代教育技术类	信息技术与体育学科的整合、信息技术融入体育学科教与学、计算机在教学中的应用、课件制作等
4	教育教学技艺类	学科知识与技术技能掌握、各学科教材教法分析等
5	教育科研类	科研方法和实践、教育教学热点问题探讨，案例分析，教育行为反思与批判等
6	教育改革类	教学督导人员专业成长与发展、教学改革的解读等
7	知识拓宽类	国际教育的理解、生涯教育等

第七章　高校教学质量评价的问责反馈机制构建

“问责”一词已经成为现代高等教育领域中的一个重要概念，经过多种力量的共同作用，高等教育问责逐渐得到广泛的运用和发展，但问责的内涵尚没有统一的界定，从不同的角度可以对其作出不同的解释和分类。本章拟对高等教育问责的内涵和分类进行阐述，进而分析问责在高等教育领域的功用。

第一节　高校教学质量问责机制概述

一、问责与相关概念的含义

(一)问责的概念

“问责”(accountability)最初始于商业领域，是指工商企业等组织机构对其生产或销售的产品及提供的商业服务负有责任，消费者有权为自己的合理权益对其进行问责。“问责”随后在公共行政领域中得到广泛使用，最终被介绍到教育领域，逐渐成为高校管理的一个重要概念。

世界银行专家组对“问责”一词进行了剖析，认为问责包含着要求某人或某事能够被“说清楚”(accounted for)或“算清楚”(counted up)的“能力”(ability)或“可能性”(possibility)。它隐含着最基本的账簿式的说明方式和账簿“最低限度曝光”原则(principle of minimal exposure)，只要公众个人愿意，他就能够看到这些账簿。此外，世界银行专家组认为“问责”还具有透明度、惩罚、绩效、腐败、外部监督、公共利益、权力和委托—代理关系(principal—agent relationships)这些内涵。

托马斯·霍弗(Thomas Hoffer)认为,问责表明了问责对象要对他们的行为作出合理的解释和说明,而美国堪萨斯大学公共行政管理系教授芭芭拉·罗姆泽克(Barbara S. Romzek)则从绩效的角度把问责定义为是对绩效的回应能力。

美国匹兹堡大学专注于国际事务的著名学者伊沙夫里茨(Aym. Shafritz)表示,问责应该大致包括以下两种不同含义:

(1)每一个单独的个体都应当对于自身的行为,向更高一级的管理机构(法律或政府权力机关)进行汇报,并且做出行动上的响应;

(2)对于财产、重要文件以及相关资产进行实时记录。

美国公共管理学研究学者凯文卡恩斯(Kevin Kearns)通过伊沙夫里茨的论述以及其他学者的理论,对于问责的定义有了新的观点,并且根据问责的体系相继提出了三个重点内容:

(1)问责是一个有着巨大监督权力的执政机关;

(2)问责是一种向更高权力机关汇报工作的重要机制;

(3)权力机关对于所辖单位进行相应的评价以及制定相应的措施。

(二)高等教育问责的含义

有关学者从教学的绩效责任维度进行分析,而后提出问责主要是指与教育有关的诸多部门以及教学人员,应当深刻地认识到自身的职责。当然,与教学有关的人员不仅仅只有教师,其中甚至还包括地方行政人员、学校职工以及教育监督人员,不仅如此,其中还包括学生家长以及学生本人。由此可见,对于问责,该学者认为所有与教育有关的人员以及学生自身对于教育的目标进行确定以及实行,根据完成目标的过程中,目标的达成程度,从而给予一定的奖惩行为,进而改善教育的质量。另外还有学者表示,问责是教育机构以及教育相关组织有责任和义务向他人汇报工作情况,并且为他人详细地解答教育的资源使用情况,除此之外,还应当回到教学的成果。在此,问责的主要问题是对于教学问题的定责以及责任种类的划分和责任归属问题。当然,其中也包括、问责的方式和结果,等等。

高校教学方面的问责主要是通过汇报、证明等方式进行教学资源使用以及、教育成果的监督，其中重点在于政府机构以及相关社会机构对于高校教学情况、的监督，从有关学者的理论可以明确问责制度，对此，该学者认为问责制度主要是:高校教育机构根据法律与道德方面的要求，并且为了满足高校教育相关的利益诉求者的需求，同时满足高校自身的发展需求，从而对于高校自身进行一定程度的调查、分析，通过收集相关数据，从而完成信息的收集与反馈，并且将最终得到的信息向外界进行汇报，使外界能够全面了解高校的教育情况。除此之外，高校同样有着相应的责任和义务对于自身进行分析、研究，通过调查收集诸多信息，并且按照法律的规定以及道德的标准，为社会大众以及政府部门汇报教学的资源使用情况以及教学的成果。在进行汇报的时候，应当明确各项责任的归属，明确每一位教职工的责任和义务，将责任清楚规划以后，再将资源的分配情况准确地描述、汇报，并且细化到资源的使用情况以及使用结、果等。

二、高校问责的种类

对于高校教育问责进行具体分类，能够帮助我们全面理解并且规划高校教育问责的意义、功能和范围。从另一方面来讲，对于高校教育问责细致化分类能够帮助高校汇报工作时更加清晰、明了，这样也能够满足公众的需求。对于高校问责的分类，大致可以分为以下几种，分别是外部问责与内部问责、社会问责与行政问责。当然，也有相关学者针对问责的性质不同将问责大致规定为描述性问责、证明性问责和解释性问责。本书重点针对外部问责与内部问责、社会问责与行政问责这两个重要部分进行着重研究。

(一)内部问责与外部问责

有关学者通过高校外部的关系以及责任进行分析，将美国高校教育问责大致划分为以下两类，分别是内部问责与外部问责制度。其中内部问责制度重点是针对高校内部进行问责，通过明确地表述高校的责任划分情况，准确地定位高校活动情况并且给予相应的评价，寻找高校内部容易出现问题的部分，针对问题进行改革计划的制订，而后实行相应的改革制度，等等。内部问责大多指高校内部自发形成的活动，其目的是高校自身更好地发展。这里最典型的要数高校的财务检查、内部评估以及学术检查等。从另一方面来看，高校的内部问责能够帮助教师稳定地提升自身的教学水平以及教学研究能力，除此之外，对于提升学生的学习质量以及人才的培养质量也是大有裨益的。

外部问责重点是指高校有一定的责任和义务向高校的资助方以及社会大众作出工作汇报，保证自身时刻都在工作，并且坚持履行自身的职责。除此之外，高校在合理地使用教学资源，确保自身能够达到大众对于高校的教学期望。当然，高校还应当坚持自身的教育职责，公平、合理地进行教学资源的分配工作，对于政府部门以及社会组织、企业机构等多方履行相应的职责。

(二)社会问责与行政问责

至于社会问责，主要是依靠公众进行强制性的问责，来达到最终获取信息的目的。从这方面来说，社会问责往往是公众自发组成的社会性组织，可能通过直接或间接的方式参与到高校的问责当中。从这一点来看，社会问责重点强调的是公众的参与性以及问责的有效性，其核心在于公众的参与与否。当然，这可从另一方面看出，政府部门作为问责核心的重要作用。

著名的学者耐特对于社会问责有着独特的看法，他认为所有源于高校外部的问责都属于社会问责，其中不仅包括政府机关的批文、公告，同时还包括项目审批以及资格认证、媒体采访等。从这一理论我们可以发现，社会问责这一概念现如今已经逐渐大众化，并且已经被越来越多的人所认同。不过，我们也要知道，现在的社会问责制度还不是特别完善，还有一定的发展空间。因此，社会问责仍然需要同政府部门的行政问责协同进行。

自治程度(degree of autonomy)期望和(或)控制的来源(source of expectations and/or control)是构成行政问责范式的两个重要维度。芭

芭拉·罗姆泽克根据自治程度的高低以及期望和(或)控制的内外两种来源将问责分为等级问责(hierarchical account ability)、法律问责(legal accountability)政治问责(political accountability)和职业问责(professional accountability)四种典型的问责形式。

所谓的等级问责即是在进行公共行政的过程当中,自然形成的等级分类以及组织分类,其中不同等级的人员都有着与之相对应的职责,除此之外还需要接受更高等级的领导对于工作方面的评价以及指导;至于法律问责主要是进行公共行政的过程当中,必须明确法律的规范,确保自身在法律的范围内进行相应的管理措施;政治方面的问责重点是行政部门以及相关机构对于外部因素的影响以及外部的评价、意见进行一定程度的反馈;至于职业问责,通常是指行政人员对于自身的职业进行某种标准下的规划,通过对于自身行为的思考以及分析,从而优化自身的工作,更好地履行自身的职责。我国的高校教育方面尽管已经逐渐开始呈现问责多样化特征,并且从原本单一化的问责逐渐向多元化的问责制度转变。不过,需要知道的是,尽管问责方式有所转变,但是仍旧以政府方面的行政问责以及高校的内部问责为主要方式。

(三)高校问责的作用

众所周知,各大高校提升教学质量的重点在于核心人才的培养,因此,提升高校的教学质量是高校的基本职责及义务。借助对高校教学方面的问责,能够全面强化高校内部的教学质量,从而为社会输送更多的高质量、高素质人才。尽管教学质量在高校的教学管理及优秀人才培养方面有着重要的意义,但是优秀的师资团队及高质量、高素质的人才也是至关重要的。在此,依照教师的教学质量、科研质量和高校学习的质量这三个不同的层面进行讨论。

1. 教师教学质量保障

针对高校教学方面的问责主要是根据教学成果和教学评价来进行的。在美国高校中,针对教师的教学考核,重点是通过学生和同事评价,从而完成自我评价工作。从实际情况来看,学生对于高校教师进行教学评价，不仅能使教师更清楚地了解自身的教学水平，同时还可以时刻提醒教师按照高校的规章制度进行教学，使高校教师有一种紧迫感，能够自觉进行教学备课，从而将教学质量大幅度提升。若是学生对于高校教师的教学不甚理解，或者对于高校教师的教学成果不满意，那么便可以认定，这样的高校教学方式是无效的。而后，通过将教学信息反馈给上级部门，进而督促高校的教学质量稳步提升。不过，学生针对高校教学方面的评价往往并不全面，仅仅依靠高校学生的单方面评价是远远不够的，这时就需要同为高校教师的同事对其进行评价，又或者某些高校有专门的教师评价团队，那么这样的评价方式也是符合标准的。

除此之外，美国的各大高校内部同时设有辅助高校教师完善教学质量以及提升教学素养的团队。在密歇根大学当中，校领导更注重青年教师的个人成长问题，因此该校通过众多优秀的培养计划对于高校青年教师进行全面培训，旨在全面提升高校青年教师的教学质量和教学能力，这样对于高校的未来也是大有裨益的。

2.教师科研质量保障

众所周知，高校不单单是负责教学，培养优质人才，同时还担负高校教学研究的重要责任。一般来说，高校当中有着庞大的优秀教师团队，其中每一位教师都有着重要的任务及职责，而这些优秀的教师在整个教学科研当中有着重要的价值。针对教学科研方面进行问责，这样能够保证高校的教学科研质量稳步提升，同理，教学科研质量的全面提升也能够大幅度促进高校教学质量的提升。

我国的高校教师在进行职称评定及职务晋升的时候，重点在于考核高校教师的科研成果。其中，有关高校教师的科研成果往往是多方面的，不仅需要高校教师发表相关论文，同时对高校教师的文章质量、被引用次数也有着严格的要求。高校教师的科研文章从选题到定题、直到最终的完善过程都需要有相关单位对其进行问责。因此，高校教师如果想申请相关课题，那么首先一定要具备过硬的科研能力和技术，只有通过专家团队的层层考核以后，才能够进行课题立项，而后还要经过有关部门的层层筛选，从而获得课题。不过，在课题结束时，还需要有相应的机构对课题进行结果评价、验收。通过对于高校教师科研方面的选题以及最终成果的层层筛选，不仅能够极力促进高校教师的教学科研能力的发展，最终还能够帮助高校教师取得预期的科研成果。

3.学生学习质量保障

高校学生质量的优秀与否对于学生入学后的学习方面影响甚大，这决定了学生入学后的学习效率，另外学生质量的优质与否同时还决定了能否获得相应的教学奖励金。由此可见，吸纳优秀的学生是高校营造优秀的学习条件的重要环节。当然，这也需要高校自身进行协同管理，通过对高校学生的监督，为高校学生量身定制学习评价标准，这样能够大幅度地提升高校学生的学习质量。其中最典型的当数美国加州大学的伯克利分校，该校针对高校学生的学习情况设立了学生学习评价委员会。该委员会的出现，使得更多学生领会学习的重要性以及学习的方式，另外，学生通过学习评价委员会的帮助，了解了如何熟练运用所学的知识以及如何更加高效地学习。从伯克利分校对学生评价方面来看，其中大致包括以下三个方面，分别是：从高校宏观角度对高校学生进行评价、从学院角度对高校学生进行评价以及对学生课程学习水平进行评价。通过这样的方式，伯克利分校对学生的学习情况就有了大致的了解。除此之外，这样的高校学生评价工作不仅能够对高校学生进行全方位的评价，同时也能够整体分析、了解高校学生的学习状况，通过总结、分析学生的学习情况，也能够有针对性地对学生学习进行监督工作。这样一来，不仅能够全面提升高校学生的学习质量，同时也能够极大地提升高校学生的学习能力。

另外，强化高校教育的问责制度还能够全面提升高校质量管理，这对提升高校的教学质量管理方面也大有裨益，同时也能够大幅度提升高校信任重建的进度。也许最初进行高校教育问责主要是因为高校的大众信任力有所减弱，因此就需要问责制度来提升高校的工作透明度，从而让更多人了解高校的教学质量及能力。除此之外，加强高校的财政状况公开透明化以及教育活动开放化，能够使大众看到高校改革的决心，从而对高校再度产生信任。

三、高校问责的逻辑

(一)具有法律层面逻辑

问责制体现了政治文明建设中的制度创新,高校问责制是现代大学管理的制度安排,是权责一致的具体要求。2010 年,《国家中长期教育改革与发展规划纲要(2010—2020 年)》一文提出完善中国特色现代大学制度,严格落实问责制。

各高校大学章程的相继出台、高校"双一流"建设的步伐、《国家中长期教育改革与发展规划纲要(2010—2020 年)》对实行党委领导的我国高校提出了具体化要求,这些内外部环境为高校问责提供了合理性和合法性。

不过,当今各大高校并没有将高校问责制度进行具象化,这一点从高校管理当中的法律缺失问题便可见一斑,而这也是我国高校进行问责的重要原因,准确地说,高校的问责制度需要依法进行,这时问责制度的基础也是关键。根据相应的法律进行高校治理以及高校问责,其中不仅仅需要遵循相应的教育方面法律规范,同时还要在高校内部的管理方面遵循全面完善的高校规章制度。

准确地说,高校问责重点在于使高校能够达到两方面的平衡。首先是权力、责任和义务这三者的平衡。可以说这样的平衡首先需要有相应的外部约束,否则便难以形成,其中能够对高校问责进行约束的力量包括以下几方面:

(1)正式文本的约束力量,主要有国家政策法律法规,尤其是教育政策和法律法规,还有高校规章制度,如大学章程、高校岗位职责等。

(2)权力机构的约束力量,指高校上级管理部门对下级部门的权力约束力。

(3)文化的约束力量。对于这方面的约束,我们可以在生活当中发现很多这样的例子,其中教师的师德、学校的风气以及不同地区的文化,潜移默化地对高校问责产生了约束。当然,这样的约束不是强制性的,但是从某种程度来讲,其约束力甚至远大于强制性的学术能力。这时如果高校的教职员工突破了这方面的约束,那么问责情况就产生了。

其次是高校与政府、市场三者关系之间的平衡。国外学者伯顿·克拉克与马丁·特罗等提出高等教育系统"三角协调模型"和"问责制三角形",为我们呈现了高等教育与政府、市场三者各执一端、张弛有度的力量制衡。

(二)具有行政层面的逻辑

中国高等教育管理模式主要受中国政府行政管理模式与传统影响,具有行政问责的特点。我国高校内部的权力机构设置决定了高校问责无法避免的行政思维,高校属于非营利性公共组织,出于管理需要产生行政科层职能部门,由于知识生产和创造的本职产生学术权利。高校问责属于科层式问责,内部是组织系统内部之间的互动作用,外部则是政府与高校的关系互动和作用机制。科层组织是一种由自上而下的权威构成的垂直监督机构,问责借助层级负责制和监督机制得以实现。高校内部权力的运行方向往往决定了高校问责自上而下的线性走向。

高校内部的决策权如果缺少相应的约束以及界限,那么就会使得高校的党政权力与学术权力、民主管理权力以及高校监督权力失衡,从而逐渐衍生为一种领导与被领导的关系,这样的上、下级关系对于高校的问责是极为不利的,因此,这也会导致下级对于上级的监督管理失去意义。在进行行政问责的过程当中,通过滥用权力从而影响管理的情况屡见不鲜,由于行政领导掌握着重大的权力,因此没有人可以挑战权威,久而久之就变成了没有人在秉公执法。另外,还有一种情况,即在问责的时候,下级没有办法向上级问责,往往只有上级问责下级的权力,而没有下级问责上级的权力,这就导致高校出现权力失衡的情况。其中最明显的表现就是:一旦出现了严重的问题,那么下级不可避免地被高校免职,而上级却并没有什么影响,因此,这样的情况就会使问责失去意义。一般来说,行政逻辑是一种比较倾向于管理方面的逻辑,这样的问责方式也就更倾向于上级管理下级，更容易产生独断专行的情况。往往管理者有着极大的权力，而被管理者只有接受批评建议的权力而没有向上级提出建议的权力。这样一来，下级管理部门就常常因为问责的情况而忙得焦头烂额。不过从另一方面来看，这样的问责方式效率也是比较高的，只不过有着一定的缺陷，即非常容易在高校当中产生恶性竞争问题，这样一来问责对象变成了具象化的个体，而其他个体为了能够持续维持高校的优秀评价，从而衍生出一系列的恶性行为。

行政科层式问责带来效率的同时也构筑了问责壁垒。有效的高校问责不仅仅是自上而下的，同时也是自下而上的，问责不应该受到强权对弱权的限制，权力更不应该大于问责制度本身，要从自上问下的行政权力式问责走向双向民主色彩的制度式问责。

（三）具有行动层面的逻辑

从问责和高校问责的概念内涵来看，多数学者从责任、解释回应来强调高校应为、不为和其他为而失职行为，认为问责即追究分内应为之事。“应当”“可以”“许可”“禁止”等概念属于道义逻辑的研究范畴，高校问责中的权责利义关系可以借助道义逻辑来加以解释：“应当”对应的是责任与义务，即必为项；“可以”“许可”对应权利，即可为也可不为项；“禁止”对应的是权力，更多体现的是权力的有限性，即权力不可滥用，属于不可为项。

20 世纪 60 年代初，冯·赖特（Von Wright）把关于行动名称的逻辑作了改进，引入基本的行动语句类型构建行动逻辑，具体可表述为：主体 a 在场合 o 做了某件事情 p，符号表达式为：p(a，o)，a 是 agent，指当事人或者主体，是主动行动或被动行为的发出主体；o 是 occasion，是主体实施行动的环境或场合，是行动得以发生的外在客观或主观的条件因素；p 是主体在一定场合实施的结果性或过程性的行动本身，行动和主体、场合三者构成了某种事件状态 state of affairs。在高校问责中，以上三个要素分别对应的是：agent 指高校或高校内部的组成成员，即主动自愿问责或被动问责的各主体，occasion 主要是指高校问责得以发生的内外部条件、环境和市场因素，action 或者 activity 对应于高校问责这一行动。不以承担责任为终极，而要以改进为目的，救济与改进也是属于高校问责程序中的终极重要一环。可以说，高校问责始于问责启动，终于改进。

高校问责以教育教学质量为重心，高校教育教学质量的提升是高校问责行动的核心目标。根据新制度主义理论，高校是制度场域中的理性行动者，总是寻求更趋满意的结果。持续提高教育教学质量，为社会培养合格人才，是高校内在的愿景。高校认识到问责有利于自身组织朝着既定的目标发展，则会积极响应问责的号召，采取积极的应对和保障措施。

第二节　高校教学质量问责反馈机制存在的问题

现如今，我国的各大高校的教学质量问责机制以及问题反馈机制还有很多需要完善的地方，不论是问责理念还是问责实践方面，想要顺利实施都不可避免地会遇到一些问题。根据相关研究结果分析，大致分为以下几个方面的问题。

一、缺乏构建教学质量问责反馈机制的意识

从高校的教育体制上来看，高校的教学问责往往是根据传统的问责方式进行的，其管理方式也往往是上级管理下级的方式，这就使得高校缺少自由的学术研究、讨论的条件，于是高校的教学质量自然无法快速提高。一般来说，高校的教学质量问责被人们视为控制以及评估机制，其重点在于面向国家教育部门的问责进行回应。这就使得高校的教学问责往往是上级指派下级，缺少在教学质量、方式上的全面改革。在进行问责的时候，高校往往遵循科学化的问责方式，因此问责就成了考察各个岗位人员是否工作的标准，而并非各个岗位人员的工作质量标准。这样的过程，不仅从程序上跨越了反馈环节，更是在最终的考核结果上实现了极度简化。由于反馈能够将问责的流程“复杂化”，这就非常容易导致问责的效率无法提升。至于政策方面，依照《国家中长期教育改革和发展规划纲要

(2010—2020年)》的相关标准可知,应当全面强化教育监督管理的能力,全面完善教育问责机制,将工作重心放到教育事业以及科学发展方面,并以此作为政府部门进行政绩考核的重要环节,深化考核机制以及问责机制。准确来讲,政府部门强调的教育问责机制重点在于考察行政部门的教育管理情况,这就导致一定程度上缺少高校教学改革方面以及教学质量方面的改革。通过以上分析,我们可以发现,在没有外部压力、缺少内部动力的状态下,高校的教学质量必然会缺少相应的变革意识,这样一来高校的教学质量就无法稳步提升。

二、问责反馈主体单一

国内高校的教学质量问责通常是指由教务处发起并组织的,学生对任课教师的网上评教活动,整合统计后将结果笼统地反馈给各院系教师,缺乏来自教师自身的反馈和同事的平级反馈。同时,在高校改革发展进程中,用人单位对高校教学质量越来越关注,他们的建议也越来越受到社会的重视。因此,这种由单一反馈主体——教务处执行的教学质量问责反馈忽略了其他相关主体的反馈能力和效用,不易客观全面地发现教学质量问题。

三、问责反馈对象定位不恰当

传统的高校教学质量问责易将其主要反馈对象定位为监管部门。然而,教学活动的主体是教师和学生而非监管部门,因此,这种定位无疑会导致教学活动目标的偏离及教学质量评价体系制定的不合理。问责的主要目的是为高校教学系统的有效改革提供信息和策略。监管部门无法深入了解教学双方的想法和困惑,也无法有效激发师生提高教学质量的内生动力,所以高校将监管部门作为主要反馈对象是不恰当的。

四、问责反馈内容单一

高校教学质量问责反馈内容单一源于两个方面:一是高校教学质量

问责反馈主体单一。每个主体关注的内容不可能全面，也因其精力有限，所以反馈主体的单一必然导致反馈内容的单。二是大多数高校缺少相应的教学服务机构，没有独立设置相关部门协助教师进行教学质量评估，教师不能通过便捷的方式搜集教学质量信息。因费时费力，效率低下，时间一长，教师会疲于进行教学质量信息搜集与分析，不能根据教学发展需要及时更新和丰富反馈内容。

五、反馈渠道不畅通

由学生网上评教得到的教学质量反馈信息基本上是由教务处搜集、整合、分析之后将信息反馈至各院系，院系各级领导经商讨对信息进行适当“处理”后反馈给教学管理人员，最后再传送给教师本人。经过这种反馈渠道的信息传递极有可能带来以下后果：教师本人接收到的信息与学生实际评教结果有较大偏差，学生反映的真实情况大打折扣。因此，大部分教师在该过程中接收不到任何有效反馈，多层过滤的反馈机制阻碍了有效问责结果的传递，不利于问责系统实效性的发挥。

第三节　高校教学质量问责反馈机制的构建

基于生物学中的反馈调节机制以及经济学中的信息不对称理论，本书在把握高校教学质量问责实践和各行为主体职责权限基础上，将反馈机制纳入问责程序，并根据反馈主体的不同将其划分为多个反馈子系统。

如图 8—1 所示，整个闭环回路就是完整的问责程序，虚线框涵括的是问责反馈运行机制。问责程序是指问责如何组织实施，包括问责启动、搜集信息、信息评估、问责结果整理、问责反馈、问责后果处理 6 个环节。问责反馈机制主要包括反馈主体、反馈对象，通过各种问责渠道获得的反馈内容，其运行机理是反馈主体将问责主体在一定的问责方式下得到的教学质量信息适时反馈给反馈对象，反馈对象再从不同维度提出教学质量改进建议，供自身或相关主体采纳。需要说明的是，反馈机制中的反馈主体和问责主体不必完全重合，但是反馈主体一定要能够掌握问责结果信息。

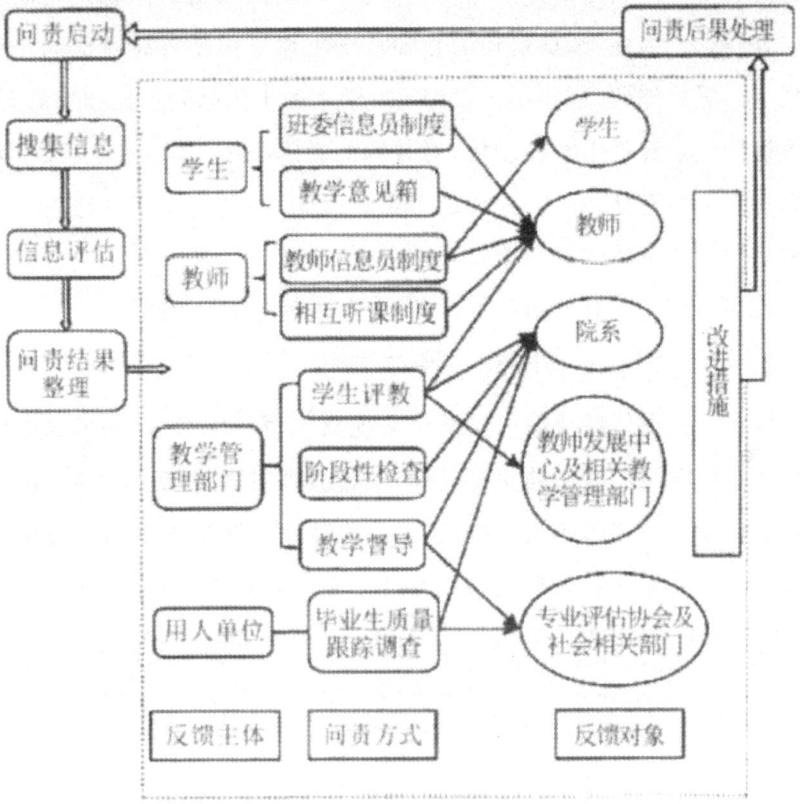

图 8－1　高校教学质量问责反馈机制

一、问责反馈机制构成

根据反馈主体的不同，作者将问责反馈机制划分为 4 个子系统，各子系统相互协调、合作，产生合力效应，共同助推教学质量的提高。

(一)以学生为主体的反馈子系统

就教学质量问责而言，以学生为主体的问责产生结果的可信度值得商榷，原因有二：一方面，那些表现比较差的学生可能会对负责任的教师进行“报复”，恶意搞坏教师声誉。此外一部分学生因察觉到教师看不到个人单独的评价信息,而懒散应付评教,甚至不读题目直接给分,虚假的数字大大弱化了评教结果的可信度。另一方面,因评教题目事先拟定,一些教师为了得到较好的评价结果,倾向于只重视列出的问题或是功利性地讨好学生。因此,不负责任的教师从学生那里得到较高评价的现象屡有发生。尽管如此,这些不足以否定以学生为主体的问责反馈的必要性。学生作为教学过程中学的主体,对教师的教学态度、教学水平、课堂效果等信息有着最直接、真实、全面的考量。因此,各学院应积极建立更加合理的以学生为主体的教学质量反馈渠道,促使学生形成教学质量问责的自觉,对自己负责,对教师负责,共同促进教学质量的提高。

(二)以教师为主体的反馈子系统

以教师为主体的反馈子系统可实现两方面的反馈:一是任课教师对其所教学生“学习”情况的问责反馈;二是教师对同行“教学”情况的问责反馈。以学生为主体的问责反馈,通常将教学问题片面地指向教师方较少去反省自身原因。教师处在教学第一线,可通过很多方式(如课堂提问、课下交流、定期考试等)获得学生的学习质量信息,及时发现学生学习困惑,调整专业培养方案,并对学生因材施教。同时,教师同行作为“教”和“学”主体之外的反馈主体,对教学质量的衡量比任课教师和学生更具客观性和专业性。同行之间的教学质量问责反馈,既可以加强教师之间的团队协作,营造活跃的分享氛围,也能促使教师形成自我监督和互相监督意识,不断提高教学效果,在同行之间形成良性竞争。

(三)以教学管理部门为主体的反馈子系统

教学管理部门可采取许多方式跟踪教师的教学活动,搜集大量可靠信息。教学管理职能部门可把搜集到的有效信息反馈给诸如教师发展中心、专业评估委员会等机构以及有需求的社会相关单位,和这些单位一起协同提高教学质量。

(四)以用人单位为主体的反馈子系统

对高校教学质量问责,具有话语权的还有用人单位。为了尽快适应高速发展的现代化进程,用人单位开始以一种战略的眼光看待人力资源,他们更加看重人才的综合素质及专业技能,参与高校的教学评价及监督的积极性也越来越高。

所以,高校教学质量问责反馈主体不能局限于学校内部的师生及部门,而应变封闭性问责为开放性问责,给用人单位提供畅通的反馈渠道,鼓励他们如实反映毕业生情况,提出宝贵建议,以此帮助高校提高教育质量及社会声誉。

二、问责反馈机制中各子系统的运行

在上述四个问责反馈子系统存在合理性的基础上,结合高校教学现状及部门设置,可以看出,这几个子系统有各自的运行逻辑。

(一)来自学生的反馈子系统的运行

一种是设立班委信息员制度。班委信息员制度是指在班委中选拔一名有公信力、号召力,做事认真负责的学生担任班级信息员,各院系在学期初对这些信息员进行有针对性的集中培训,目的是让他们熟知教师工作基本规范及师生的职责权限。其他班委在信息员带领下通过开展周期性的班会,或是编制教学评价表并组织班内学生填写,归纳任课教师教学过程中出现的问题以及学生的改进建议,进行信息整合,采取定期和各任课教师会面的方式,将统计结果反馈给他们。教师可根据学生反馈结果适当调整教学方案。另一种是在班级内设教学意见箱作为班委信息员制度的补充,教学意见箱给班内所有学生提供了日常教学质量问责途径,反馈方式与班委信息员制度相似。

(二)来自教师的反馈子系统的运行

类似班委信息员制度,各院系也可以建立教师信息员制度。学生信息员制度主要是便于学生对教师的"教"进行问责,教师信息员制度则是为了教师对学生的"学"进行问责,通过选拔一些课堂教学经验丰富的教师对选中的课堂不定期观摩,并记录学生课堂学习情况。将最终整理的信息反馈给班委、任课老师和班主任。需要说明的是,这里的"学"既包括学生个人的课堂学习，也包括整个班级的学风。

此外，各院系可以形成教师间相互听课制度。作为反馈主体的教师除可对学生的“学”进行问责外，还可对同行的“教”进行专业性问责。各院系根据制度安排，规定好教师之间听课秩序以及同行教师之间每学期听课的节数，引导听课教师将关注重点定位在任课教师的专业研究能力课堂教学氛围上。为了突出问责重点，听课之前，任课教师还可以根据自身教学经验，向同事表达自己教学过程中想了解的特定信息，这样听课教师就可以带着问题有针对性地记录相关教学信息。同行间的问责结果只反馈至任课教师，既能缓解教师的压力也可防止信息失真。

(三)来自教学管理部门的反馈子系统的运行

来自教学管理部门的反馈子系统的运行可以从学生评教、教学检查、教学督导三个层面进行分析考察。

第一，学生评教。高校教务处在每学期期末组织学生进行网上评教，采取计分制(一般为1至5分)。学生登录指定网站给自己的任课教师评分，评分结果送至教务处端口。教务处通常根据评教结果，找出“安全线”以下的教师，对其进行警告或处罚。但是因大部分教师得到的评分都能达到“安全线”，教务处也不向教师作详细反馈，信息的不对称导致学生评教很难推动教学质量的改进。因此，教务处作为掌握评教结果的主体，除将各教师的总结果反馈给个别分数低的教师之外，还应把这些结果进行分类整合，将包含学生建议的详细信息反馈到各院系，再由各院系把结果反馈给教师个人。同时，院系可把从教务处得到的总结果反馈给院系内的教师发展中心及相关教学管理部门，以便协助教师制订更加合理的教学方案及对其职业生涯规划重新审视。

第二，教学阶段性检查。教学管理职能部门，如教务处教学部(或教研室)可在每学期期初、期中、期末进行系统的教学阶段性检查，包括对教师课堂教学的抽查、学生考试、组织专业竞技活动等，统计结果反馈给各院系。

第三，教学督导。教学督导部门是高校成立的专门进行教学质量问责的部门。该部门在职责履行上要集中体现权威性、可信性和相对独立性的特点。教学督导组可深入教学第一线，获得一手、全面的质量信息。如何将这些信息及时反馈到院系和由校内外专家组成的专业评估协会，避免信息流失和衰减，是这个反馈子系统运行的关键。因此，教学督导部门应选择恰当的反馈方式和内容与各院系、专业评估协会和社会相关部门之间建立畅通的反馈渠道。在保证高校基本利益不受损害的前提下，积极进行教学质量问责，力求通过有效反馈，从内部促进教学质量改进，形成良好的学术风气。

（四）来自社会的反馈子系统的运行

高校可将毕业生的通信方式及就业去向进行统计，并通过网络工具找出用人单位的联系方式，将这几项信息进行整理，由校友会牵头负责与用人单位联络。就业指导中心则可周期性地向用人单位发放毕业生就业质量跟踪调查问卷以此持续收集来自用人单位的反馈信息，或直接派专人有选择性地到一些用人单位进行实地考察，深入了解本校毕业生在单位的工作情况以及单位领导对该生专业技能、综合素质等方面的评价。就业指导中心对其获知的信息进行记录、统计、分析并将结果提交给各院系和专业评估协会或者社会相关部门，为各院系专业教学方案的制订以及人才培养提供依据。

三、提出教学质量改进措施

反馈对象在接收到相关信息后，需在自己的职责权限范围内，对教学质量改进提出可行措施。如教师可根据来自不同反馈主体的意见和建议，反省自己教学工作中的不足，分析原因，适当时也可以向其他教师或所在院系寻求一定的帮助，探求解决问题的办法，并在下一个问责周期内付诸实践；教师发展中心以及专业协会更是可以通过对反馈信息的分析和整理，既从宏观意义上把握高校整体教学质量，也从教师个人角度出发提出专业的建议，协助教师树立正确的教学观，激励他们努力提高教学质量。

四、反馈方式的选择原则

反馈主体在选择反馈方式时应注意把握好发展性原则。问责反馈主要反映过去存在的问题，不能出现问题就对教师直接进行严厉的批评或惩罚。反馈主体要信任教师，给师生充分的鼓励，主要进行正强化，使教师不会因为暂时的不足失去信心。反馈方式有很多种，但不论哪种形式的反馈，其最终目的是让反馈对象理解反馈主体想要传达的信息。只有既能让教师充分了解反馈信息，又不打消其继续努力工作的积极性的反馈，才是恰如其分的反馈方式。反馈主体要把握一点，即问责只是手段，其目的是发现问题，改进教学质量，而不是对教师进行惩罚。

第四节　高校教学质量问责反馈机制的优化措施

目前来看，构建高校教学质量问责反馈机制有一定的实践基础，但整体上还没有达到系统、完善的状态。因此，需结合高校在教学质量问责反馈过程中存在的问题，采取有力措施来进一步完善这一机制。

一、增强高校构建教学质量问责反馈机制的意识

在高校去行政化[①]浪潮中，高校教学质量问责也应该逐渐去行政化。这里的去行政化包含两层含义：一层是对外去行政化，即突出高校主体地位，改变高校和政府问责关系中的二元对立，积极探索出一条高校与政府协同治理的合作道路；另一层含义是对内去行政化，即在高校自身建构上去行政化。摆脱行政问责的路径依赖，使问责驱动力源自各反馈主体及客体的主动思变而不是被动应付。科学实证主义的问责范式忽略了高校的学术组织属性，失去对学术发展的柔性关照。教学有其自身的特殊性，不是简单的生产过程。高校教学质量问责的最终目标不仅仅是解释说

① 高校去行政化是指高校要推进政校分开，管办分离，逐步取消实际存在的行政级别和行政化管理模式，是推进高校管理体制改革的措施之一。

明，更要改进提高。此外，国家在高等教育质量问责政策制定上，不能一味重视行政部门的教育政绩，应更多引导高校确立教育质量问责目标，给其自由空间，使其主动思变的意识增强。

二、实现反馈主体多元化

问责反馈主体多元化有助于实现反馈形式的多样性和反馈内容的全面性。相关主体必须把与教师教学活动相关的信息全面传达给反馈对象，才能从更深更广的角度发现教学问题，找出问题根源，提出解决办法。因此，高校应搭建以学生、教师、教学管理部门、用人单位为主体的多个反馈子系统，而不只是强调教务处的反馈主体地位。

三、反馈对象应以教师和教学管理部门为主

教学质量问责的实践动因不仅仅在于追责，更重要的是通过问责确定各主体的教学责任，提供一种确保各教学主体权责平衡或权利与义务对等的管理制度，以引导、监督、激励各相关教学主体不断改进教学发展方式，提高教学质量。教学质量的提高需要学生、教师、教学管理部门的共同努力，而不是仅仅靠监管部门的监督检查与负强化。因此，高校教学质量问责反馈对象应以与教师教学直接相关的教师本人及专门负责教学管理的职能部门为主。

四、丰富问责反馈内容

问责反馈主体的多元化会带来反馈内容的丰富化。同时高校应建立专门的教学服务机构协助教师、学生进行教学质量评估和信息搜集，提高教职工整理教学反馈信息的主动性和积极性。此外，反馈形式应灵活多样，如书面反馈和口头反馈相结合，根据需要既可定量反馈也可定性反馈。

五、疏通问责反馈渠道

疏通问责反馈渠道首先要求教学管理部门协助精简每一个反馈子系

统的程序,减少信息失真。另外,如果没有简便易得的反馈工具,即便反馈机制被搭建起来,反馈主体的积极性也不会很高,他们会疲于反馈内容的整理和传递,效率低下。所以,便捷可行的教学质量反馈工具的开发也很有必要。目前,我国高校的教学质量问责反馈机制还不够完善,严重影响了问责实效性的发挥。为了积极响应国家构建高等教育问责制度的号召,增强高校的自我改进能力,高校应鼓励各相关主体协调合作,构建畅通的问责反馈渠道,争取实现问责效用最大化,从而有力保障和提高教学质量。

参考文献

[1]包蕾，荣超.大学生创业教育教学质量评价指标体系研究[J].新教育时代电子杂志(学生版)，2017(37)：201，209.

[2]陈小尘.高职院校教育教学质量评价与质量监控体系探析[J].现代职业教育，2017(36)：6－7.

[3]陈勇.审思与建构我国高职院校教育质量评价研究[M].长沙：中南大学出版社，2021.

[4]陈源波.高职教育教学质量评价指标体系的构建及应用研究[J].湖北开放职业学院学报，2020(2)：25－26，31.

[5]冯雪彬，张玉香，杜安然.优化高等职业教育教学质量评价体系的措施探讨[J].现代职业教育，2017(13)：28－29.

[6]高建明.高校实验教学质量评价体系的建设与实践探索[M].长春：吉林人民出版社，2017.

[7]谷洪彬，杨希，魏孔鹏.大数据技术构建职业教育教学质量评价体系的研究[J].电脑与信息技术，2020(3)：50－53.

[8]关秋燕.教育信息化背景下现代高职教育教学质量评价研究[J].四川职业技术学院学报，2021(1)：1－7.

[9]郭岩，姜宝华.高职院校教育教学质量评价体系的构建[J].江苏科技信息，2016(21)：41－42.

[10]杭俊.职业教育教学质量评价模型与预警观测研究[J].创新创业理论研究与实践，2021(6)：165－167.

[11]胡同花.基于深度学习技术的高职网络教育教学质量评价研究[J].电子技术与软件工程，2021(7)：215－216.

[12]季贤.成人高等教育教学质量评价指标体系研究[J].继续教育研究，

2013(9):53－55.
[13]江东梅,廖细春.高职教育教学质量评价体系研究[J].广东技术师范学院学报,2015(2):92－95.
[14]赖瑞麟,陈燕贞.成人高等教育教学质量评价体系的构建[J].高教学刊,2017(21):44－46.
[15]梁忠环,张春梅,强玉红,等.民办高等教育教学质量保障体系研究[M].青岛:中国海洋大学出版社,2012.
[16]刘楠.开放大学现代远程教育教学质量评价研究[J].湖北广播电视大学学报,2016(1):3－7.
[17]刘欣,王媛媛.高等院校教育教学质量评价与监控研究[M].燕山大学出版社,2020.
[18]刘新英.高职教育教学质量评价体系的构架探究[J].烟台职业学院学报,2014(3):51－53.
[19]马廷奇.高等教育教学改革与质量保障[M].武汉:武汉大学出版社,2017.
[20]牛梦虎.高水平本科教育教学质量评价[J].国际学术动态,2020(2):8－10.
[21]钱杏英.浅析高职教育教学质量评价与监控体系[J].佳木斯职业学院学报,2015(1):11－12.
[22]沈静,方正军,周亮,等.新工科教育背景下高校教育教学质量评价体制的建立与保障[J].科技资讯,2021(1):154－156.
[23]谭秀阁.混合式教学模式下高等继续教育教学质量评价体系探究[J].计算机时代,2021(12):87－90.
[24]王义遒.中国高等教育:多样化与教育教学质量·上[M].北京:高等教育出版社,2016.
[25]王义遒.中国高等教育:多样化与教育教学质量·下[M].北京:高等教育出版社,2016.
[26]王运来,李国志.高校教学质量评价与保障[M].南京:南京大学出版

社,2010.
[27]魏可媛,赵勇.普通高校教学质量评价体系建设[M].南昌:江西人民出版社,2018.
[28]杨锐.学生视角开放教育教学质量评价指标体系构建——以抚顺开放大学为例[J].辽宁高职学报,2023(7):45—49.
[29]杨秀平,李二超,邵会波.高等教育教学质量评价系统设计[J].生产力研究,2015(12):106—108.
[30]张丹丹.开放教育教学质量评价体系构成探究——以安庆电大为例[J].现代商贸工业,2020(18):172—173.
[31]张粉莲.民办高校创新创业教育教学质量评价体系研究[J].创新创业理论研究与实践,2019(14):166—167.
[32]章建石.基于学生增值发展的教学质量评价与保障研究[M].北京:北京师范大学出版社,2014.
[33]赵冲.成人高等院校内部教育教学质量评价体系的研究与思考[J].教育现代化,2020(10):67—68.
[34]郑延福.本科高校教师教学质量评价研究[M].徐州:中国矿业大学出版社,2012.
[35]周婧,王晓楠.大数据视域下在线教育教学质量评价体系建设研究[J].卷宗,2020(32):316.
[36]周勇.加强内涵建设提高本科教育教学质量[M].徐州:中国矿业大学出版社,2014.
[37]左桂梅,刘泽华,刘艳,等.地方高校一流本科教育教学质量评价机制构建策略[J].安徽电子信息职业技术学院学报,2022(3):73—76.